Onvrijwillige hulpverlening

Onvrijwillige hulpverlening

Moet dat nou?

Lou Jagt

Bohn Stafleu van Loghum
Houten 2010

Tweede, herziene druk

ISBN 978 90 313 73789
NUR 752

Ontwerp omslag: Agraphics design, Anita Amptmeijer BNO
Ontwerp binnenwerk: Studio Bassa, Culemborg
Automatische opmaak: Crest Premedia Solutions (P) Ltd, India

Bohn Stafleu van Loghum
Het Spoor 2
Postbus 246
3990 GA Houten

www.bsl.nl

Inhoud

Voorwoord

Bij de eerste druk, 2001

Jarenlang was het werken met onvrijwillige cliënten in het maatschappelijk werk *not done*. Maatschappelijk werk omvatte het ondersteunen en versterken van cliënten die om hulp kwamen vragen; in dat beeld paste niet dat maatschappelijk werkers zelf initiatief namen om contact op te nemen met potentiële cliënten. Achteraf kunnen we constateren dat het inderdaad om beeldvorming ging, want de werkelijkheid was anders.

Bij nader inzien blijken veel vrijwillige cliënten niet geheel vrijwillig. Zij komen onder dwang van omstandigheden, onder druk van naasten, met ambivalenties en soms ten einde raad. Het hulpverleningsproces omvat in veel gevallen, behalve ondersteunen en versterken, het stellen van grenzen, herstructureren en het sturen in een andere richting. Ook is het zo dat in al de jaren dat onvrijwillige hulpverlening min of meer taboe was, maatschappelijk werkers wel degelijk zelf contact legden in het kader van bijvoorbeeld ondertoezichtstelling en reclassering. Medewerkers van de Raad voor de Kinderbescherming en van het Bureau Vertrouwensarts namen contact op met ouders waarover vermoedens van kindermishandeling waren gemeld. Kortom: het beeld van de autonome cliënt die uit eigen verkiezing participeert in een (niet-sturend) hulpverleningsproces klopt niet.

Toch voerden veel opleidingen en instellingen het zelfbeschikkingsrecht en de zelfontplooiing van cliënten hoog in het vaandel. Sturing, het stellen van grenzen en het op eigen initiatief met potentiële cliënten contact opnemen, werd afgewezen.

Deze benadering is te eenzijdig gebleken. Niet alle mensen beschikken over voldoende zelfhandhavingsmogelijkheden, niet alle mensen die zich onvoldoende kunnen handhaven zoeken uit eigen beweging hulp, niet alle cliënten blijken lieve zachtaardige mensen: ze gedragen zich soms berekenend, agressief en trekken zich niets aan van de schade die zij anderen toebrengen. De beeldvorming over het werken met onvrijwillige cliënten was aan herziening toe.

Herziening beeldvorming

Op theoretisch gebied was het vooral Geert van der Laan (1990) die met zijn proefschrift *Legitimatieproblemen in het maatschappelijk werk* een andere manier van denken op gang bracht over zorgvuldig hulpverlenen en ten onrechte *wél* maar ook ten onrechte *niet* ingrijpen door maatschappelijk werkers. Een duidelijk signaal gaven Kuypers en Van der Lans (1994) met hun pamflet *Naar een modern paternalisme* waarin zij de aandacht vestigden op achterblijvers in onze samenleving en de staf braken over wat zij de 'ongenaakbare non-directiviteit' noemden. Op vele plaatsen in Nederland werden projecten gestart onder de noemer 'voorwaardelijke hulpverlening'. Overeind blijft staan dat het maatschappelijk werk streeft naar emancipatie (door middel van ondersteunen en versterken) van cliënten, maar dat vloekt niet langer met het zelf contact leggen met potentiële cliënten, noch met het stellen van grenzen en voorwaarden. Ten onrechte ingrijpen kan maatschappelijk werkers worden aangerekend, maar ten onrechte *niet* ingrijpen evenzeer.

Bij de tweede herziene druk, 2010

Sinds de eerste uitgave van het boek is er veel veranderd. In 2001 was er nog sprake van een overgangssituatie waarin het werken met onvrijwillige cliënten aarzelend op gang kwam. Vandaag de dag is de schroom om cliënten met dwang en drang te benaderen vrijwel verdwenen. Zo wordt bijvoorbeeld 'werken achter de voordeur', wat staat voor een werkwijze die ingrijpt in de intieme leefsfeer van gezinnen, gezien als een verantwoorde handelwijze en roept outreachend werken geen weerstanden meer op bij maatschappelijk werkers. Bemoeizorgteams aarzelen niet om zelf contact te leggen met mensen met psychiatrische klachten en in veiligheidshuizen overleggen medewerkers van vele zorginstellingen met elkaar over de benadering van plegers en slachtoffers van delicten. In veel gemeenten zijn gezinscoaches werkzaam die zich richten op multiprobleemgezinnen die geen hulp vragen en zijn buurtnetwerken jeugdhulpverlening actief om in een vroeg stadium opvoedingstekorten te signaleren.
In vroeger tijden kwam onvrijwillige hulpverlening ook voor, maar vandaag de dag is het werken met dwang en drang een normale zaak geworden. Zo normaal dat het risico bestaat dat over het hoofd wordt

gezien dat deze werkwijze zich veelal afspeelt op het scherp van de snede. Zoals De Swaan (1997) opmerkt: als bij misbruik van een kind niet ingegrepen wordt, is dat een fout van de eerste categorie, maar als er ingegrepen wordt zonder dat sprake is van misbruik, is dat een fout van de tweede categorie, en een even groot falen. Hulpverleners die werken met dwang en drang hebben onvermijdelijk met dit soort 'tangposities' of dilemma's te maken. Omdat maatschappelijk werk vrijwel altijd te maken heeft met de intieme leefsfeer van cliënten, is het handelen van maatschappelijk werkers sowieso een combinatie van methodisch en ethisch handelen. Gaat het om het werken met onvrijwillige cliënten, dan komt zowel het methodisch als het ethisch handelen onder een vergrootglas te liggen. Weten wat je doet, op grond waarvan je het doet en verantwoorden wat je doet is en blijft een eerste vereiste.
Zorgvuldig hulpverlenen in de zin die Van der Laan daaraan hecht is de enige manier om uit de tang te blijven.

Hoofdlijnen boek

Drie rode draden tekenen zich af in dit boek. De eerste daarvan is het zogenoemde werken op twee sporen, dat enerzijds aansluit op de belangen en doelen zoals de cliënt die ziet en anderzijds op die van de omgeving, waaronder het hulpverlenend systeem. Onderzoek en praktijkervaring wijzen uit dat juist het verbinden van en het wisselen tussen die twee sporen bij het werken met onvrijwillige cliënten noodzaak is. De tweede rode draad vormt het thema motiveren. Motivatie om te participeren in een hulpverleningsproces is in eerste instantie bij onvrijwillige cliënten niet of nauwelijks aanwezig. Het is een fikse opgave voor hulpverleners om die motivatie te wekken en te richten. De meeste kans van slagen geeft een aanpak die gericht is op beperkte en concrete doelen waarin de cliënt zich – ten minste gedeeltelijk – herkent. De derde rode draad is het streven zo veel mogelijk gebruik te maken van methodische instrumenten die bewezen effectief zijn.

Opbouw boek

Het boek is als volgt opgebouwd. Hoofdstuk 1 gaat in op het taboe dat op werken met dwang en drang heeft gelegen, en de heroriëntering van de laatste twintig jaar. De begrippen vrijwillige en onvrijwillige cliënt komen aan bod, net zoals een overzicht van de verschillende vormen waarin het werken met onvrijwillige cliënten zich voordoet.

De relatie tussen recht en hulpverlening is het onderwerp van hoofdstuk 2. Het eerste deel van dit hoofdstuk beschrijft hulpverlening in het kielzog van het recht. Een rechterlijk vonnis begrenst bijvoorbeeld het ouderlijk gezag of legt een strafmaatregel op. Nadat het vonnis is uitgesproken kunnen hulpverleners binnen het gedwongen kader hulp bieden. In het tweede deel van het hoofdstuk staat de hulpverlening voorop en komt het recht op de tweede plaats. Hier gaat het over sociaal onvrijwillige cliënten in situaties waar de rechter (nog) niet aan te pas is gekomen. Als deze cliënten geen toestemming geven voor inmenging in hun leven, is er sprake van onrechtmatig handelen door de hulpverlener. Aan de orde is op welke wijze toestemming kan worden gegeven of verkregen.
De relatie tussen dwang en drang en de beroepscode is het thema van hoofdstuk 3. Veel beroepsethische vragen spitsen zich toe op het al dan niet terecht zijn van ingrijpen of niet-ingrijpen. Wanneer is het verantwoord voor maatschappelijk werkers om op eigen initiatief naar cliënten toe te gaan en/of verantwoordelijkheden van cliënten over te nemen? Thema's als macht en de betekenis van het begrip vertrouwensrelatie worden belicht.
De hoofdstukken 4, 5 en 6 gaan in op het handelen van de maatschappelijk werker in zijn contact met onvrijwillige cliënten. Hoofdstuk 4 bespreekt algemene aspecten als: hoe te reageren op cliënten die het contact afwijzen, hoe valt extrinsieke motivatie om te bouwen tot intrinsieke? In het vijfde hoofdstuk ligt het accent op de sturende en disciplinerende aspecten van verschillende hulpverleningsvormen. Hier worden interventies beschreven die in de praktijk hun waarde hebben bewezen. In de beginfase van het hulpverleningsproces doen zich de meeste verschillen voor tussen vrijwillige en onvrijwillige hulpverlening. Daarom ligt in dit boek het accent op deze fase. Hoofdstuk 6 gaat in op het voortraject dat bij verschillende typen onvrijwillige cliënten een belangrijke rol speelt (inventariseren en analyseren van signalen) en geeft richtlijnen en aandachtspunten voor de contactlegging. Niet altijd gaat de deur zomaar open; soms zijn 'verleidingstactieken' nodig. Is de deur eenmaal op een kier, dan schept dat gelegenheid om – via het werken op twee sporen – in overleg vast te stellen welke problemen prioriteit hebben.

Het boek is bedoeld voor werkers in de praktijk en werkers in opleiding. Het is in eerste instantie gericht op maatschappelijk werkers, maar kan ook goede diensten bewijzen aan sociaaljuridische en sociaalpedagogische hulpverleners die in hun werk met dwang of drang te maken hebben. Hetzelfde geldt voor hulpverleners die bijvoorbeeld werkzaam zijn in het kader van een project voorwaardelijke hulpverlening, deel uitmaken van een buurtnetwerk jeugdhulpverlening of van een lokaal zorgnetwerk.

Veranderingen in de tweede druk

De zes hoofdstukken zijn qua titel en thema gelijk aan die in de eerste druk van het boek, maar alle hoofdstukken zijn geactualiseerd. Dat geldt nog het meest voor het tweede hoofdstuk, waarvan het eerste deel uitgebreid ingaat op veranderingen in de praktijk van maatschappelijk werkers in de jeugdbescherming en reclassering (wettelijk onvrijwillig) en het tweede deel een grote diversiteit van werkvormen buiten het wettelijke kader (sociaal onvrijwillig) belicht. Dat betreft dus alle vormen van maatschappelijk werk.

Dank tot slot

Verschillende mensen hebben door het verschaffen van relevante informatie een bijdrage geleverd aan de totstandkoming van deze herziene uitgave. Het betreft Frank Philippart en Bas Vogelvang (Avans Hogeschool) die informatie boden over het MWD-opleidingsprogramma Werken in een gedwongen kader en over nieuwe projecten in de jeugdzorg; Ada Andreas (Bureau Reclassering) die niet moe werd inlichtingen te verschaffen over de vele wijzigingen in het reclasseringswerk; Marijke den Hollander, Marie-Anne Bakker en Jos Titulaer (IMW Breda) die vertelden over nieuwe samenwerkingsprojecten en Ro Kartodirdjo die de werkwijze van het veiligheidshuis toelichtte. Zij verstevigden de verbinding die dit boek wil leggen met verschillende werkvelden en ik ben hen hiervoor veel dank verschuldigd.
Net als in de eerste uitgave van dit boek zijn veel fundamentele en tekstuele bijdragen geleverd door mijn levens- en samenwerkingspartner Nel Jagt. Zij deed dit met de haar kenmerkende inzet, kundigheid en zorgvuldigheid waardoor dit boek haar stempel meegekregen heeft. Liefste Nel, dankjewel! Moet dat nou? Ja, dat moet!

Lou Jagt

1 Onvrijwillige hulpverlening weer in beeld

1.1 Inleiding

In de jaren na de Tweede Wereldoorlog rustte in het maatschappelijk werk een taboe op het werken met onvrijwillige cliënten. Dit kwam niet zomaar uit de lucht vallen. Diverse factoren speelden hierbij een rol:

- de afkeer van moralisme en paternalisme, die zo kenmerkend waren voor hulpverlening in het tijdperk van liefdadigheid;
- de ontwikkeling van caseworkmethoden in de Verenigde Staten, die vanaf de jaren 1950 in het Nederlandse maatschappelijk werk ingang vonden en nadruk legden op het zelfbeschikkingsrecht;
- maatschappelijke ontwikkelingen zoals democratisering, politisering, individualisering en emancipering, die ertoe bijdroegen dat hulpverlening en machtsuitoefening als onverenigbare zaken werden gezien (1.2).

Om en nabij de jaren 1990 is hierin een kentering opgetreden (1.3). Op theoretisch gebied gaf Van der Laan de aanzet tot een andere manier van denken over het samengaan van emancipering en disciplinering. Hij reikt een model aan om vooraf of achteraf het handelen van maatschappelijk werkers te legitimeren, ook in die situaties waarin de eigen inbreng van cliënten is verminderd. Maatschappelijke ontwikkelingen speelden eveneens een belangrijke rol. De verzorgingsstaat veranderde in snel tempo, voorzieningen en diensten waren niet langer gegarandeerd en het marktdenken deed ook in de wereld van zorg en welzijn zijn intrede (1.4).
Op de werkvloer bleek het ideaalbeeld van de mondige cliënt in veel gevallen niet te kloppen. Een te absolute interpretatie van het zelfbeschikkingsrecht had tot gevolg dat juist de zwakkere cliënten niet meer aan bod kwamen. Dit leidde tot nieuwe initiatieven op de werkvloer waarin zowel emanciperen als disciplineren een plaats kreeg (1.5).

Op het eerste gezicht lijken de begrippen vrijwilligheid en onvrijwilligheid elkaars tegenpolen. Als het gaat om vrijwilligheid en onvrijwilligheid in het maatschappelijk werk, blijken er bij nader inzien heel wat nuances te bestaan (1.6). Aan de hand van een definitie wordt een beeld geschetst van vrijwillige cliënten en vervolgens van onvrijwillige cliënten.
Werken met onvrijwillige cliënten komt voor in verschillende vormen en onder verschillende benamingen (1.7). Daarbij komt de vraag op of onvrijwillige cliënten wel 'cliënt' genoemd mogen worden (1.8).

1.2 Onvrijwillige hulpverlening uit beeld

In het tijdperk van liefdadigheid bestond er weinig schroom om naar weduwen, wezen, armen, behoeftigen, onmaatschappelijken en onaangepasten toe te gaan om hun een 'bete broods' te geven en hen voor te houden hoe ze zich dienden te gedragen. Paternalisme en moralisme waren kenmerkend voor deze benadering.
Begin jaren 1960 schrijft Kamphuis (1963, p. 38) dat het moderne casework voor een deel gezien kan worden als reactie op dit paternalisme. Daarom heeft het 'van nature' een afkeer van inperking van de zelfbeschikking van mensen en van hulpverlening in gedwongen situaties. Kamphuis (1969) beschrijft een gezinsproject in St. Paul (VS) waarin het initiatief tot hulpverlening niet van cliënten maar van de hulpverleningsinstellingen uitging. Maatschappelijk werkers van het project hadden er veel moeite mee om op eigen initiatief contact met gezinnen te zoeken en op positieve wijze gezag te gebruiken. Zij hadden in hun opleiding geleerd te werken met vrijwillige cliënten die met een hulpvraag kwamen; nu werden de rollen omgedraaid en moesten zij zelf het voortouw nemen.

ONTWIKKELINGEN IN NEDERLAND

In Nederland dringen de social caseworkmethoden van Hollis en Perlman (selectief) door, evenals aspecten van de non-directieve benadering van de psychotherapeut Rogers. Deze gaan deel uitmaken van het opleidingspakket van maatschappelijk werkers en daardoor komt ook in de opleidingen de nadruk te liggen op het werken met vrijwillige cliënten. De zelfstandigheid, het unieke van ieder mens, staat centraal. Wanneer in de jaren 1960 en 1970 maatschappelijke ontwikkelingen zoals democratisering, emancipering, politisering, individualisering en nadruk op zelfontplooiing deze tendensen versterken, komt het werken met onvrijwillige cliënten in een taboesfeer terecht. Als je daarover durfde spreken, zeggen Kuypers en Van der Lans (1994), liep

je de kans dat je onmiddellijk door je professionele collega's in de ban werd gedaan. Menger (1997) zegt dat de reacties van maatschappelijk werkers op het project voorwaardelijke hulpverlening voor langdurig werkzoekenden in Den Haag varieerden van kritisch afwachtend tot zeer afwijzend. Zij vindt die reacties begrijpelijk omdat 'het maatschappelijk werk jarenlang juist met kracht het imago van disciplinering heeft bestreden' (Menger, 1997, p. 122).
Zo kon een klimaat ontstaan waarin het ideologisch juist, politiek correct en methodisch verantwoord geacht werd om uit te gaan van het zelfbeschikkingsrecht van mensen en jezelf als maatschappelijk werker onder geen beding op te dringen. Maatschappelijk werkers dienden zich verre te houden van wat ook maar leek op machtsuitoefening; zowel theoretisch als praktisch stelde het maatschappelijk werk zich in op het werken met vrijwillige cliënten.

Dat maatschappelijk werkers bij onder meer reclassering, jeugdbescherming, buurthuizen, bedrijfsmaatschappelijk werk, schoolmaatschappelijk werk, ziekenhuismaatschappelijk werk, verslavingszorg, crisisopvang, observatieklinieken en gevangenissen met een *andere* praktijk werden geconfronteerd, leek daarmee te worden ontkend. Niet zelden leidde dit tot conflicten en spanningen tussen maatschappelijk werkers en hun instellingen, zoals de samenstellers van de functiescholing voor beginnende gezinsvoogdijwerkers (Hogeschool van Amsterdam, 1997) melden. In de Verenigde Staten komt Rooney (1992) tot de conclusie dat er een kloof gaapt tussen de methoden die hij tijdens zijn opleiding maatschappelijk werk aangereikt kreeg (gericht op vrijwillige cliënten) en de praktijk waarmee hij te maken kreeg (jeugdbescherming met veel onvrijwillige cliënten). In Nederland was dit in veel gevallen niet anders.

1.3 Nieuwe inzichten

Om en nabij de jaren 1990 treedt er een kentering op. Nieuwe inzichten en maatschappelijke veranderingen spelen hierbij een rol. De verzorgingsstaat verandert in snel tempo. Op de werkvloer bleek het ideaalbeeld van de mondige cliënt, die vrijwillig en gemotiveerd zelf het initiatief neemt om naar een hulpverlener toe te gaan, in veel gevallen niet te kloppen. Een te absolute interpretatie van het zelfbeschikkingsrecht had tot gevolg dat vooral zwakkere cliënten in de kou bleven staan. Dit leidde tot reacties, initiatieven en projecten op de werkvloer, mede op basis van een theoretische heroriëntatie.

THEORETISCHE HERORIËNTATIE

Op theoretisch gebied introduceerde Van der Laan (1990) met zijn proefschrift *Legitimatieproblemen in het maatschappelijk werk* een andere visie op de geldigheidsaanspraken van het maatschappelijk werk. Deze aanspraken waren door het boek van Achterhuis (1980) *De markt van welzijn en geluk* in diskrediet gebracht. Kort gezegd kwamen de conclusies van Achterhuis erop neer dat maatschappelijk werkers hun eigen markt creëren en eigenlijk overbodig zijn. Vreemd genoeg werden deze conclusies met gejuich ontvangen, niet alleen buiten het welzijnswerk maar ook daarbinnen. Zelfs in opleidingen voor maatschappelijk werk werden Achterhuis' ideeën met enthousiasme verspreid, waarbij blijkbaar over het hoofd werd gezien dat op deze manier de basis van het vak waarvoor men opleidde werd ondergraven. Het is de grote verdienste van Van der Laan dat hij het maatschappelijk werk weer een legitieme plaats gaf in de Nederlandse samenleving. De door hem geformuleerde kwaliteitscriteria voor het maatschappelijk werk zijn in veel publicaties terug te vinden, en onder meer uitgewerkt in *Zorgvuldig hulpverlenen* dat is geschreven door docenten van de Hogeschool van Amsterdam ter gelegenheid van het honderdjarig bestaan van deze opleiding (Van den Bersselaar, 1999). Van der Laan stelt dat maatschappelijk werkers verantwoording dienen af te leggen over hun handelen, waarbij de volgende drie toetsingscriteria gelden:

1 het hulpverleningscontact heeft een dialogisch karakter;
2 in het hulpverleningscontact is aandacht voor objectieve, subjectieve en sociale aspecten van de situatie (ook wel genoemd het driewereldenperspectief);
3 voor het wel of niet ingrijpen zijn weloverwogen en heldere keuzen gemaakt.

Aan deze criteria voegden Schilder en Wouters (1997) een vierde toe:

4 de maatschappelijk werker denkt en handelt zowel vanuit het binnenperspectief (relatie hulpverlener-cliënt) als vanuit het buitenperspectief (relatie hulpverlener-instelling en/of maatschappij).

Als het handelen van de maatschappelijk werker aan deze kwaliteitseisen voldoet, is er sprake van zorgvuldig hulp verlenen. Voor het werken met onvrijwillige cliënten is van belang dat Van der Laan (1994) de begrippen emancipering en disciplinering in het maatschappelijk werk met elkaar verbindt (zie ook Waaldijk, 1996) en dat hij stelt dat ten onrechte ingrijpen van het maatschappelijk werk verwijtbaar is, maar dat dit evenzeer geldt voor ten onrechte *niet* ingrijpen.

1.4 Veranderingen in de samenleving

De verzorgingsstaat veranderde in snel tempo. Hulp- en dienstverleners in de sector zorg en welzijn zijn inmiddels vertrouwd geraakt met het gegeven dat de voorzieningen en de diensten van de verzorgingsstaat niet meer gegarandeerd zijn (Van den Brink, 1999). Hun cliënten worden geconfronteerd met ingrijpende wijzigingen in hun arbeids- en inkomenspositie, in de sociale zekerheid, in de ziektekostenregelingen of in het aanbod van sociaalculturele voorzieningen en diensten. Het marktprincipe deed ook in de wereld van zorg en welzijn zijn intree en gaf een aanzet tot het denken en handelen in termen van resultaten en producten. Cliënten merken dat zij door politici en beleidsmakers steeds meer worden aangesproken als burgers die niet alleen recht hebben op voorzieningen en diensten van de overheid, maar ook gehouden worden aan plichten. Zij hebben recht op een bijstandsuitkering, maar kunnen ook verplicht worden om via trajectbegeleiding weer aan het arbeidsproces te gaan deelnemen. Daarnaast worden burgers en cliënten aangesproken op hun eigen verantwoordelijkheid en aangespoord om zelfredzaam te zijn. De Wet Maatschappelijke Ondersteuning (WMO) van 2007 trekt dit principe door. Participeren in en aan de samenleving is een belangrijke richtlijn geworden in zorg en welzijn. Onze samenleving verandert van een verzorgingsstaat in een participatiesamenleving (Van der Lans, 2009). Dat vraagt om eigen inzet, om vaardigheden en mogelijkheden waarover lang niet iedereen beschikt.

ECHEC VAN PURE VRIJWILLIGHEID

Op de werkvloer bleek het ideaalbeeld van de mondige cliënt die vrijwillig en gemotiveerd zelf het initiatief neemt om naar een hulpverlener toe te gaan, in veel gevallen niet te kloppen. Uitgaan van het zelfbeschikkingsrecht van cliënten was als tegenhanger van het vroegere paternalisme een heel begrijpelijke keuze. Maar daarbij werd over het hoofd gezien dat een absolute interpretatie van het zelfbeschikkingsrecht tot gevolg had dat juist de zwakkere cliënten niet meer aan bod kwamen. Kuypers en Van der Lans (1994) signaleren dat een groot aantal mensen niet met het tempo van onze tijd meekan. Zij hekelen de nadelen van wat zij noemen 'de ongenaakbare non-directiviteit' en pleiten voor het actief benaderen van mensen die worden meegezogen in processen van vereenzaming, verloedering en uitstoting. De praktijk leert immers dat lang niet alle cliënten kunnen voldoen aan dc hoge eisen die aan hun zelfstandig functioneren worden gesteld. Wanneer de lat te hoog wordt gelegd, komen veel mensen in de problemen.

Langzamerhand won het inzicht veld dat te eenzijdig werd uitgegaan van vrijheid als ideaalbeeld, en dat te weinig rekening werd gehouden met de realiteit dat vooral de zwakkeren in de samenleving niet aan dit vrijheidsideaal kunnen voldoen. Door dit 'overvragen' werd een van de werkprincipes van het social casework, namelijk 'beginnen waar de cliënt is', losgelaten en het is een goede zaak dat wat dit betreft weer een stap richting cliënt genomen wordt. Al klinkt de veel gebruikte opwekkingsleuze 'Erop af!' als een overcompensatie van de terughoudendheid van voorheen.

1.5 Innovatieve praktijk gericht op participatie

In veel steden kwamen voorwaardelijke hulpverleningsprojecten van de grond waarbij mensen met huurschulden de gelegenheid kregen in hun woning te blijven als zij begeleiding accepteerden bij hun financiele beheer. Dit leidde tot een landelijk project integrale schuldhulpverlening, een samenwerkingsvorm van de Gemeentelijke Volkskredietbank, de Gemeentelijke Sociale Dienst en het algemeen maatschappelijk werk. In Den Haag ging de Sociale Dienst een overeenkomst aan met het algemeen maatschappelijk werk dat langdurig werkloze cliënten niet-vrijblijvend begeleidde naar de arbeidsmarkt. Het maatschappelijk werk ging daarbij een resultaatsverplichting aan.
In Rotterdam startte een project voor de begeleiding van psychiatrische patiënten, waaraan Henselmans (1993) zijn proefschrift *Bemoeizorg* wijdde. Zo'n vijfentwintig jaar geleden verbleven nog veel mensen met psychiatrische klachten in afgelegen inrichtingen, maar op grond van ideologische overwegingen en streven naar kostenbesparing kwamen veel van deze mensen in stadsgebieden wonen, meestal zonder veel voorbereiding aan beide kanten. In de oude wijken van de grote steden werd geëxperimenteerd met lokale zorgnetwerken waarin politie, GGD, woningbouwcorporaties en maatschappelijk werk gingen samenwerken in het benaderen van en hulp bieden aan mensen die zelf niet de stap naar hulpverlening maakten. In een Amsterdamse wijk belegde men bijeenkomsten met flatbewoners om verdere escalatie van conflicten te voorkomen. Op het gebied van de jeugdhulpverlening werd gestart met buurtnetwerken, waarin professionals problematische opvoedingssituaties in hun wijk signaleerden, deze met elkaar bespraken en een aanpak uitstippelden. In opvanghuizen en begeleide woonvormen was men al vroeg in de weer om duidelijke regels op te stellen. In deze sector krijgen medewerkers te maken met mensen die op verschillende gebieden (omgaan met geld, zorgen voor gezondheid en hygiëne) hun verantwoordelijkheid niet kunnen

waarmaken. Om deze mensen een verantwoord hulpaanbod te kunnen doen, werden richtlijnen en methoden ontworpen om hen op gefaseerde wijze verantwoordelijkheden te leren dragen of ze over te nemen (Van den Berg, 1995; Van den Berg, 1997).

Sinds de eeuwwisseling is het werken met onvrijwillige cliënten in een stroomversnelling gekomen, hetgeen samenvalt met een sterke groei van het aantal samenwerkingsvormen van daarbij betrokken professionals. Een reeks projecten met het doel problemen in een vroeg stadium te signaleren en via gezamenlijk optreden aan te pakken ging van start. Bijvoorbeeld het project Samen Starten (gericht op 0- tot 4-jarigen), gezinscoachprojecten (gericht op multiprobleemgezinnen), het veiligheidshuis (waarin vele instellingen samenwerken die met overlast en veiligheidsproblemen te maken hebben) en bemoeizorgteams waarin instellingen samenwerken die zich richten op mensen met psychiatrische klachten die in veel gevallen zorg mijden. Werken 'achter de voordeur' is een veelgehoorde kreet en zelfs het begrip 'straatmarinier' haalde de pers. Samenwerken met ketenpartners (bijvoorbeeld met woningbouwcorporaties, jeugdpolitie, scholen) is onderdeel geworden van de alledaagse praktijk.
Innovatief werken wordt steeds vaker ondersteund door wetenschappelijk onderzoek. Dat geldt zeker voor de jeugdbescherming en de reclassering waar ingrijpende organisatorische en methodische veranderingen zijn ingevoerd. Het Nederlands Jeugdinstituut heeft een databank aangelegd waarin effectieve interventies op het gebied van jeugdzorg worden verzameld ten behoeve van het werkveld. En waar opleidingen lange tijd vooral aandacht gaven aan de vrijwillige cliënt, wordt nu sinds een aantal jaren op tien hogescholen de minor Werken in een gedwongen kader aangeboden.

ONGEVRAAGD BIJSTUREN

In een inleiding op het congres AMW *ongevraagd bijgestuurd* gaf Dooremalen (1996) aan de hand van praktijkvoorbeelden uit zijn instelling (IMW Tilburg) een overzicht van cliënten die er ondanks eigen inspanningen en die van hulpverleners maar niet in slagen om financieel het hoofd boven water te houden, (nog) niet in staat zijn zich zelfstandig in een woonomgeving te handhaven en door een combinatie van vereenzaming en vervuiling in een isolement terechtkomen. Zijn thema is dat mensen in onze tijd heel wat in hun mars moeten hebben om onafhankelijk van anderen hun leven te kunnen leiden. Dooremalen noemt een aantal voorwaarden die aan mensen worden gesteld om zich, met meer of minder succes, in hun woonomgeving te handhaven.

Wonen
Je moet je eigen woonruimte op orde kunnen houden, met enige regelmaat de zaak schoonhouden, hygiëne betrachten, de zaak zo nu en dan eens luchten. Het is handig om 's nachts niet al te veel lawaaioverlast te geven, je vuilnis te bewaren in containers en het niet los in huis of over het balkon te kieperen, ramen en deuren te sluiten als je weggaat, kapotte onderdelen te vervangen.

Dagbesteding
Relevant is dat je een zeker dagritme hebt, een evenwichtige verhouding tussen inspanning en ontspanning, tussen waken en slapen, tussen binnen en buiten.

Financiën
Om het lang vol te houden moet je in principe minder uitgeven dan er binnenkomt, hoogstens (maar dat is tamelijk riskant) zijn uitgaven en inkomsten gelijk. Daarnaast is er een maatschappelijke afspraak dat je betaalt voor goederen die je besteld hebt en diensten die je afneemt. Je moet dus enigermate vooruit kunnen kijken en een langere periode kunnen overzien, niet al te impulsief zijn bij een positief saldo.

Gezondheid
Ook je eigen lijf vergt onderhoud: je moet zo af en toe fatsoenlijk eten (en dat betekent dat je goed moet kunnen inkopen, bewaren, bereiden). Een minimum aan persoonlijke hygiëne is nodig en bij bepaalde symptomen kun je toch beter naar de huisarts gaan. Als je medicijnen slikt is het van belang de voorschriften op te volgen.

Relaties
Als je iets met of van een ander wil (en omgekeerd) dan zijn er duizenden spelregels, gewoonten, codes. Wil je proberen het langdurig met iemand onder één dak uit te houden, dan moet je knap goed kunnen nemen en geven met de nadruk op het laatste.

Onder de cliënten van het algemeen maatschappelijk werk zijn er velen die op één of meer van de genoemde gebieden tekortschieten. Puur uitgaan van hun zelfbeschikkingsrecht mag dan ideologisch gezien juist zijn, in de praktijk komt het erop neer dat deze mensen op de een of andere manier in de kou blijven staan. Dooremalen schetst hiermee de noodzaak van ongevraagd bijsturen.

ZELFBESCHIKKINGSRECHT EN PARTICIPATIE

Uit het voorafgaande vallen enkele conclusies te trekken. In de eerste plaats dat uitgaan van het zelfbeschikkingsrecht van cliënten een groot goed is, dat terecht een prominente plaats heeft in de maatschappelijkwerkbenadering. In de tweede plaats dat een verabsolutering van het zelfbeschikkingsrecht tot gevolg kan hebben dat mensen in de kou komen te staan. Daar komt bij dat in onze maatschappij de veranderingen tenderen naar meer eigen verantwoordelijkheid van burgers, naar actief sociaal participeren, waardoor de lat voor personen en gezinnen hoger komt te liggen. De WMO wil toe naar een samenleving waarin alle burgers participeren, liefst op eigen kracht en door onderlinge hulp, en zo nodig gesteund door professionele hulpverlening. Voor het maatschappelijk werk betekent dit onverkort dat de zelfstandigheid van cliënten dient te worden gestimuleerd, maar dat in situaties waarin mensen het niet alleen redden, voor kortere of langere tijd hun verantwoordelijkheden (gedeeltelijk) worden overgenomen. Maatschappelijk werkers nemen zelf het initiatief om naar cliënten toe te gaan, ze nemen deel aan samenwerkingsprojecten om cliënten te helpen met schuldsanering, ze raken ervan doordrongen dat ten onrechte *niet* ingrijpen net zo laakbaar is als ten onrechte ingrijpen. De actieve opstelling van maatschappelijk werkers tegenover cliënten die niet zelf om hulp vragen, heeft een herwaardering ondergaan.

EMANCIPEREN EN DISCIPLINEREN

Ten tijde van de 'absolute' interpretatie van het zelfbeschikkingsrecht kwamen niet alleen groepen cliënten in de kou te staan, ook werd onder druk van deze opvattingen ontkend dat in de hulpverlening van het maatschappelijk werk vrijwel altijd een zekere sturing aanwezig is. Het is echter dikwijls nodig cliënten ongevraagd duidelijk te maken – wat ook de inbreng van buiten moge zijn – dat wat ze doen of laten de problemen in stand houdt of verergert, dat het zinnig is om het op een andere manier te proberen, dat een andere aanpak in de opvoeding meer kans van slagen biedt, dat een andere manier van op elkaar reageren minder conflicten oproept of dat een andere manier van omgaan met geld noodzakelijk is om uit de schulden te blijven.
Emanciperende en disciplinerende aspecten zijn altijd met elkaar verweven. Om met Van der Laan (1994) te spreken: 'emancipatie en disciplinering zijn de "schering en inslag" van het weefsel dat in het maatschappelijk werk "het helpende contact" is gaan heten.' Voor

emancipatie kan ook het begrip 'empowerment' gelezen worden en voor disciplinering het begrip 'sturing'. Het is onmiskenbaar dat veel hulpverleningscontacten, ook die met vrijwillige cliënten, een min of meer sturend karakter hebben. Dat bij onvrijwillige cliënten het sturend element sterker is en in feite een dimensie toevoegt, staat buiten kijf.

SNELLE VERANDERINGEN – NIEUWE OPGAVEN

Het snelle tempo van de omslag brengt het gevaar met zich mee dat over het hoofd wordt gezien dat deze veranderingen zowel een juridische als een beroepsethische basis nodig hebben. Wezenlijke aspecten van onze rechtsstaat spelen hierbij een rol en op dit gebied is zorgvuldig handelen vereist. Een gevolg van de verandering is eveneens dat methodische vragen rond het werken met onvrijwillige cliënten weer bovenaan op de agenda staan. Dat vraagt souplesse en creativiteit. Henselmans c.s. (1991) geven een paar concrete voorbeelden uit de sfeer van de bemoeizorg, waarbij het er in eerste instantie om gaat door te dringen tot de categorie mensen die wel wordt omschreven als 'zorgwekkende zorgmijders':

> Als een cliënt liever een reparatie in huis wil dan medicijnen, kan de hulpverlener de reparatie regelen. Praktische hulp bij het huishouden is ook een mogelijkheid tot het maken van contact. Bijvoorbeeld even de afwas doen. Ook administratieve hulp wordt dikwijls niet afgewezen. Het gaat erom dat de hulpverlening iets aanbiedt waar de cliënt zelf het belang op korte termijn van inziet. Het lijkt erop dat het eigenlijk meer gaat om de bereidheid even iets aan te pakken dan om het opknappen van veel en grote klussen. Het principe is dat de hulpverlener niet te snel roept: 'Daar zijn wij niet voor.'

Dat bij het werken met onvrijwillige cliënten afwijzing van betuttelend moralisme voorop blijft staan, spreekt voor zich. Herwaardering van (uiterst) directieve werkvormen als dwang en drang in de hulpverlening wil niet zeggen dat deze vormen van hulpverlening tot de favoriete instrumenten van maatschappelijk werkers gaan behoren. Vrijwilligheid, eigen inbreng, eigen keuzen en intrinsieke motivatie staan voorop. Als dit in bepaalde situaties slechts voor een deel haalbaar is, is het streven er altijd op gericht de eigen inbreng stap voor stap te vergroten. De waardevolle uitgangspunten van het maatschappelijk werk blijven zo intact, terwijl de uitvoering meer gestuurd wordt door realiteitszin dan door dogmatisme.

1.6 Het continuüm vrijwilligheid – onvrijwilligheid

Op het eerste gezicht lijkt het onderscheid tussen vrijwillige en onvrijwillige cliënten simpel. Bij nadere beschouwing zijn er veel nuanceringen aan te brengen. In Nederland zijn in het recente verleden weinig pogingen gedaan om het onderscheid tussen vrijwillige en onvrijwillige cliënten aan te scherpen; wel ging veel aandacht naar de ongelijke machtsverhouding tussen cliënt en maatschappelijk werker en was het streven om die machtsongelijkheid zo klein mogelijk te maken. Dwang en drang bij onvrijwillige cliënten vindt zijn primaire bron bij instanties of personen in de omgeving van de cliënt. Het gaat dan bijvoorbeeld om rechterlijke uitspraken (dwang) of om klachten van partners, buren, school, werkgever (drang), die de aanzet geven tot het contact tussen aspirant-cliënt en maatschappelijk werker.

VRIJWILLIGE CLIËNTEN

Wanneer is er sprake van vrijwillige cliënten? Keith-Lucas (1972) formuleerde het als volgt:

1 vrijwillige cliënten herkennen en erkennen dat zij een probleem hebben dat zij niet alleen kunnen oplossen;
2 zij zijn bereid met een ander over dit probleem te praten en die ander toe te staan hen te adviseren;
3 zij zijn bereid om de zaken op de een of andere wijze anders aan te pakken.

Een aanvulling op de formulering van Keith-Lucas zou kunnen zijn:
4 het initiatief voor het hulpverleningscontact gaat van henzelf uit.

Toestemmingscriterium

De tweede genoemde voorwaarde komt overeen met een belangrijke voorwaarde die de Wet op de Geneeskundige Behandelingsovereenkomst (WGBO) stelt in relatie tot geneeskundige behandelingen. Zonder toestemming van de patiënt (behoudens enkele uitzonderingsgevallen) mogen deze behandelingen niet plaatsvinden. Het lijkt verantwoord de richtlijnen van de WGBO door te trekken naar het maatschappelijk werk omdat deze wet een standaard voor kwaliteit van zorgvuldige en verantwoorde hulpverlening verwoordt. De code voor de maatschappelijk werker (zie hoofdstuk 3) neemt – aangepast aan de eisen van het beroep en in andere formuleringen – diezelfde standaard als uitgangspunt, maar heeft geen kracht van wet.

De inhoud van het begrip onvrijwillige cliënt kan van deze definitie worden afgeleid. Echter: noch *de* vrijwillige noch *de* onvrijwillige cliënt bestaat. Eerder is er sprake van een continuüm dat zich uitstrekt van geheel vrijwillig tot geheel onvrijwillig, met tal van nuanceringen en tussenvormen.
In beginsituaties zijn 'echt' vrijwillige cliënten op basis van de criteria van Keith-Lucas zeldzaam. Het is eerder regel dan uitzondering dat mensen ambivalent zijn op de eerste drie genoemde punten. Men herkent het probleem, maar kan (nog) niet erkennen dat men er zelf een aandeel in heeft. Men wil er wel over praten, maar wil nog niets horen van een andere kijk op de zaak. Men heeft last van het probleem, maar is nog niet zo ver dat men verandering in de situatie of in de eigen aanpak overweegt. Soms *wil* men het niet, soms *kan* men het ook niet. Veel aspirant-cliënten hebben al een lange weg afgelegd voordat zij contact opnemen (of in contact komen) met een hulpverlener. De normale gang van zaken is dat zij eerst zelf proberen het probleem op te lossen, waarna ze te rade gaan bij familie, vrienden, buren, kennissen en pas als dat allemaal niet (of niet voldoende) helpt, op de lange duur bij een instelling aankloppen. Enerzijds met de hoop dat er nu iets gaat gebeuren, anderzijds met vrees voor het onbekende. Waar begin je aan, wat zullen ze wel van je denken, met wie krijg je te maken, wat moet je gaan veranderen, en wil of kun je dat wel? Naarmate de ambivalenties sterker zijn en zich uitstrekken over meer dan een van de genoemde criteria, valt bij de cliënt een afwachtende tot zelfs wantrouwende opstelling te verwachten.
Als ondanks alle reserves toch contact gelegd wordt, hangt het voor een belangrijk deel van de hulpverlener af of het hulpverleningscontact een goede start krijgt. Van groot belang is dat de maatschappelijk werker de ambivalenties van de cliënt serieus neemt. Als de benadering van de hulpverlener de minpool van de ambivalentie activeert, zal de cliënt het al gauw voor gezien houden: hij kan 'stemmen met de voeten' en naar een andere instelling of hulpverlener gaan. Hij voelt niet de hete adem in de nek van een instantie of een partner die hem dwingt dit contact voort te zetten.

ONVRIJWILLIGE CLIËNTEN

Kenmerken van onvrijwillige cliënten vormen een spiegelbeeld van die van vrijwillige cliënten:

1 onvrijwillige cliënten ontkennen dat zij een probleem hebben dat anderen iets aangaat;
2 zij weigeren met 'buitenstaanders' over dit probleem te praten en deze toe te staan hen te adviseren;
3 zij overwegen niet om de zaken op een andere manier aan te pakken;
4 zij nemen niet uit zichzelf het initiatief voor een hulpverleningscontact.

Als onvrijwillige cliënten al een probleem ervaren, ontkennen zij veelal dat zij dit niet zelf kunnen oplossen. Als anderen hier anders over denken, dan is dat hun zaak. Wanneer zij over hun problemen praten, gebeurt dit veelal in termen van beschuldigingen en tekortkomingen van anderen.

Voor alle onvrijwillige cliënten geldt dat zij met dwang of drang bij het hulpverleningscontact worden betrokken. De sterkte van de druk van buitenaf kan variëren van dreigen met een echtscheiding tot het aanspannen van een proces, dreiging van ontslag, gekort worden op een uitkering, uithuiszetting of een rechterlijk vonnis. Niet altijd is er sprake van sancties als hulp geweigerd wordt. Mensen die in de ogen van anderen (familie, kennissen, buren, hulpverleners) in erbarmelijke omstandigheden leven zonder dat zij een gevaar voor zichzelf of anderen opleveren, kunnen aangeboden hulp weigeren zonder dat hen sancties te wachten staan.

Vrijwillige cliënten starten een hulpverleningsroute met ambivalenties, maar bij onvrijwillige cliënten wordt de start van een hulpverleningscontact vrijwel altijd gekenmerkt door grotere of kleinere blokkades. In eerste instantie zijn maatschappelijk werkers niet welkom. De praktijk wijst uit dat in veel gevallen toch contactlegging mogelijk blijkt, dat herkenning en erkenning van problemen langzamerhand van de grond komen, en dat er zo meer ruimte komt voor 'vrijwillig' benutten van hulp. Dat het eerdergenoemde toestemmingscriterium een belangrijke toetssteen vormt voor het hulpverlenend handelen spreekt vanzelf.

1.7 Verschillende werkvormen en benamingen

Hulpverlening aan onvrijwillige cliënten kan verschillende vormen aannemen en wordt ook op verschillende wijzen benoemd. Gangbare termen zijn: gedwongen hulpverlening, outreaching casework, bemoeizorg en voorwaardelijke hulpverlening. De gedwongen vorm is wettelijk onvrijwillige hulpverlening en de overige vormen vallen onder de term sociaal onvrijwillige hulpverlening (Rooney, 1992).

GEDWONGEN HULPVERLENING (DWANG): WETTELIJK ONVRIJWILLIG

Met gedwongen hulpverlening wordt bedoeld: hulpverlening die door een rechter is opgelegd, na een strafproces of een civiel proces. Er wordt ook wel gesproken van justitiële hulpverlening, correctionele hulpverlening of van hulpverlening in een gedwongen kader. De reclassering en de jeugdbescherming zijn met de uitvoering van deze vormen van hulpverlening belast. In het veld van de psychiatrie is van gedwongen hulpverlening sprake indien op basis van de wet BOPZ (Bijzondere Opnemingen Psychiatrische Ziekenhuizen) met machtiging van de rechter een gedwongen opname volgt. Criteria hierbij zijn: gevaar voor zichzelf en/of gevaar voor anderen. Rooney (1992) noemt cliënten die met gedwongen hulpverlening te maken krijgen 'wettelijk onvrijwillige cliënten'.

OPGEDRONGEN HULPVERLENING (DRANG): SOCIAAL ONVRIJWILLIG

Rooney (1992) spreekt bij hulpverlening onder drang van 'sociaal onvrijwillige cliënten'. Dat kan gaan om mensen die zelf de eerste stap naar de hulpverlening doen, maar dat uitsluitend doen omdat ze onder druk zijn gezet door bijvoorbeeld ouders, echtgenoot of werkgever. Ze voelen er niets voor, maar 'moeten' omdat de omgeving anders sancties laat volgen (zakgeld intrekken, echtscheiding aanvragen, ontslagprocedure starten).

Sociaal onvrijwillige hulpverlening doet zich ook voor wanneer de maatschappelijk werker op basis van signalen uit de omgeving zelf contact legt met beoogde cliënten en met meer of minder aandrang een hulpverleningsaanbod doet. Deze vorm van sociaal onvrijwillige hulpverlening staat bekend onder verschillende benamingen, die vaak een vrijwel identieke betekenis hebben maar een verschillende oorsprong.

- 'Outreachend werken' is een term die nauw verbonden is met social casework (outreaching casework) en al zo'n driekwart eeuw oud is, maar sinds kort herontdekt en geherwaardeerd. Het gaat om een vorm van hulpverlening waarbij maatschappelijk werkers actief en uitnodigend potentiële cliënten benaderen. Het hulpaanbod kan meer of minder sterk outreachend, en daarmee minder of meer vol-

hardend zijn. Volharding was een kenmerk van het vroege voorbeeld van outreachend werk in het project in St. Paul (VS) in de jaren 1950.
- 'Bemoeizorg' is een term die het eerst werd gebezigd door Henselmans (1993) en nu veelal gebruikt wordt voor de hulpverlening aan mensen met psychiatrische klachten die zich ophouden aan de rand van de samenleving en niet zelf om hulp vragen. Sterker: die zich daar vaak fervent tegen afzetten, terwijl de ervaring bijvoorbeeld leert dat zij niet de verantwoordelijkheid kunnen dragen voor eigen verzorging en medicatie. Dat kan leiden tot schade voor henzelf en voor anderen (het laatste bijvoorbeeld als ze medicatie weigeren die agressief gedrag tempert).
- 'Assertieve hulpverlening' is een term van Brinkman (1998), die minder breed ingang gevonden heeft maar uitdrukt dat de hulpverlener zichzelf met overtuiging en aandrang presenteert.

Soms worden de genoemde termen als equivalent gebruikt, zij het dat de term bemoeizorg vaker wordt gebruikt voor daklozen en mensen die zichzelf verwaarlozen. Een bijzondere betekenis ten slotte heeft de term die wordt gebezigd voor hulpverlening onder voorwaarden.
- 'Voorwaardelijke hulpverlening' is een term die gereserveerd wordt voor de situatie waarin instellingen of instanties voorwaarden stellen. Concreter: de cliënt komt in aanmerking voor een voor hem uiterst belangrijke voorziening (bijvoorbeeld schuldsanering of kredietverstrekking) of een dreigend onheil (zoals huisuitzetting) wordt afgewend op voorwaarde dat hij hulpverlening van het maatschappelijk werk aanvaardt en daarin actief participeert. Schuldsanering kan bijvoorbeeld plaatsvinden onder de voorwaarde dat begeleiding wordt aanvaard bij het budgetteren en bij gezinsproblemen die dat bemoeilijken. Houdt de cliënt zich niet aan de voorwaarden, dan volgt een vooraf afgesproken sanctie, bijvoorbeeld de huisuitzetting wordt doorgezet. Het is niet de maatschappelijk werker die deze sanctie uitvoert; hij of zij steunt veelal de cliënt bij de gedragsverandering die nodig is om aan de voorwaarden te voldoen.

1.8 Zijn onvrijwillige cliënten wel cliënten?

Een relevante vraag bij de afsluiting van dit hoofdstuk is of onvrijwillige 'cliënten' wel cliënten mogen heten. Het is gebruikelijk om de term 'cliënt' ook te bezigen voor mensen die onvrijwillig bij hulpverleningscontacten worden betrokken en soms zelfs als alleen sprake is van een vorm van toezicht of omgevingsbeïnvloeding. Helemaal zuiver

is dit niet. Zolang niet expliciet met deze mensen een hulpverleningsovereenkomst is gesloten, lijkt de term voorbarig.
Reid (1982) wil daarom in de aanloop naar een hulpverleningsovereenkomst de term 'respondent' gebruiken. Heyman (1996) gaat nog verder: hij stelt verschillende aanduidingen voor om de term 'cliënt' te vervangen, al naargelang de fase en de vorm van hulpverlening. Hoe sympathiek dit uitgangspunt ook is, in de uitwerking is het weinig praktisch. In dit boek wordt afwisselend gebruik gemaakt van de termen 'aspirant-cliënt', 'potentiële cliënt' en 'beoogde cliënt', waarmee het op weg zijn naar de cliëntstatus wordt onderstreept. Blijft staan dat in het maatschappelijk werk niet zelden iemand 'cliënt' genoemd wordt die zichzelf (absoluut of nog) niet als zodanig beschouwt. Ziedaar (met knipoog) de onvrijwillige cliënt ten voeten uit.

Na bestudering van dit hoofdstuk kan de lezer:

- **uitleggen welke oorzaken hebben geleid tot het (over)benadrukken van het zelfbeschikkingsrecht van cliënten;**
- **beschrijven en met voorbeelden illustreren welke gevolgen eenzijdige benadrukking van het zelfbeschikkingsrecht heeft;**
- **factoren benoemen die hebben geleid tot een heroriëntatie op het werken met onvrijwillige cliënten;**
- **een eigen conclusie aan deze ontwikkeling verbinden en die beargumenteren;**
- **aan de hand van enkele praktijksituaties verklaren met welke ambivalenties vrijwillige cliënten te kampen kunnen hebben en waarom het belangrijk is deze ambivalenties serieus te nemen;**
- **een eigen visie geven op de stelling: in elk hulpverleningscontact is een zekere mate van sturing onvermijdelijk;**
- **onderscheid maken tussen verschillende vormen van hulpverlening met dwang of drang;**
- **beargumenteren waarom de term 'cliënt' wel of niet gebruikt moet worden als een maatschappelijk werker contact legt met iemand die zelf geen hulp vraagt.**

2 Recht en hulpverlening, hulpverlening en recht

2.1 Inleiding

Rooney (1992) maakt onderscheid tussen wettelijk onvrijwillige en sociaal onvrijwillige cliënten, een onderscheid dat in dit boek is overgenomen. Bij wettelijk onvrijwillige cliënten wordt gesproken van dwang, bij sociaal onvrijwillige van drang. Deel I van dit hoofdstuk, Recht en hulpverlening, gaat over wettelijk onvrijwillige cliënten, deel II, Hulpverlening en recht, over sociaal onvrijwillige cliënten. De hulpverlening aan beide categorieën wordt bezien in juridisch perspectief. Dit perspectief blijft beperkt tot de relatie tussen zelfbeschikkingsrecht en hulpverleningsmogelijkheden.
'Hulpverlening in de schaduw van het recht', zo noemt Soetenhorst-De Savornin Lohman (1990) de activiteiten van jeugdbeschermingsinstellingen en de reclassering. Als er sprake is van (gedwongen) hulpverlening in het kader van het strafrecht of als sprake is van een terbeschikkingstelling of kinderbeschermingsmaatregel, speelt het recht aanvankelijk een dominante rol. Wanneer de kinderrechter een uitspraak heeft gedaan en de beslissing tot opname, toedeling van straf of een kinderbeschermingsmaatregel van kracht wordt, komt er ruimte voor hulpverlening.
Deel I begint met een uiteenzetting over de wettelijk onvrijwillige cliënt (2.2), waarna in paragraaf 2.3 wordt stilgestaan bij vermindering van het zelfbeschikkingsrecht en de gevolgen daarvan voor hulpverlening. Onder de noemer jeugdbescherming passeren verschillende instellingen die op dit gebied werkzaam zijn de revue (2.4), waarna er aandacht is voor de reclassering die zich richt op mensen die met politie en justitie in aanraking zijn gekomen (2.5).
Deel II start met een karakterisering van sociaal onvrijwillige cliënten en de juridische grondslag voor hulpverlening aan deze cliënten (resp. 2.7 en 2.8). Dan volgt de beschrijving van een reeks samenwerkingsprojecten rond sociaal onvrijwillige cliënten (2.9) en van diverse categorieën sociaal onvrijwillige cliënten (2.10).

Deel I Recht en hulpverlening

2.2 Wettelijk onvrijwillige cliënten: dwang

Wettelijk onvrijwillige cliënten zijn cliënten die binnen een door de rechter vastgesteld kader verplicht worden om begeleiding te accepteren. Het door de rechter vastgestelde kader bestaat bij minderjarigen en hun ouders uit kinderbeschermingsmaatregelen, bij volwassenen uit de rechtsgang in een strafproces en bij mensen met psychiatrische klachten uit een VM (voorlopige machtiging) of in noodgevallen een IBS (inbewaringstelling).

GROEP 1

De eerste groep wettelijk onvrijwillige cliënten bestaat uit ouders en kinderen in problematische opvoedingssituaties. Zij kunnen als gevolg van die problematische opvoedingssituaties (of overtreding van de strafwet) te maken krijgen met een maatregel van de kinderrechter, namelijk de ondertoezichtstelling (OTS). De kinderrechter draagt de uitvoering van die maatregel op aan de afdeling Gezinsvoogdij van Bureau Jeugdzorg (BJZ) die tot taak krijgt de opvoedingssituatie aan te vullen, te ondersteunen of te veranderen. Hiervoor wordt een gezinsvoogd benoemd. Ouders en kinderen zijn verplicht de aanwijzingen van de gezinsvoogd op te volgen. Als zij het met de werkwijze niet eens zijn, kunnen zij in beroep gaan bij de kinderrechter, die ook toestemming moet geven als tot een uithuisplaatsing wordt besloten.
Hoewel het ouderlijk gezag niet opgeheven wordt, is er toch sprake van een forse ingreep op een gebied dat niet alleen wettelijk maar ook gevoelsmatig door mensen als hun eigen territorium wordt ervaren. Het dwangkarakter van deze ingreep maakt veel los en van oudsher wordt de gezinsvoogdij nagedragen dat zij 'kinderen weghalen'. Soms gebeurt dat ook, hoewel in de meeste gevallen de aanpak erop gericht is het gezin bij elkaar te houden.
Volgende stappen kunnen zijn: ontheffing van of ontzetting uit het ouderlijk gezag, waarbij een voogdijvereniging wordt belast met de voogdij over de kinderen. Dan worden de ouders juridisch buitenspel gezet, wat niet wil zeggen dat herstel van het ouderlijk gezag onmogelijk is.

GROEP 2

Een tweede groep wettelijk onvrijwillige cliënten betreft cliënten van de reclassering en de jeugdreclassering. In principe zijn cliënten van de reclassering meerderjarigen die met justitie in aanraking zijn gekomen in het kader van een strafproces. De jeugdreclassering, onderdeel

van Bureau Jeugdzorg, richt zich op twaalf- tot achttienjarigen die met politie en justitie te maken hebben gekregen.
De vrijheidsbeperking gebeurt door politie en justitie. Binnen dat kader kan de rechter aan de reclassering de opdracht verstrekken om een voorlichtingsrapport uit te brengen waarmee bij het bepalen van het vonnis rekening kan worden gehouden. De rechter kan bij het vonnis bepalen dat de delinquent/cliënt toezicht opgelegd krijgt in het kader van een voorwaardelijk strafdeel. Dit houdt in dat een bepaalde vorm van begeleiding geaccepteerd kan worden in plaats van gevangenisstraf. De reclassering doet op grond hiervan een 'begeleidingsaanbod': een plan van aanpak waarin doel en werkwijze omschreven zijn. In de meeste gevallen is in het voorlichtingsrapport al aan de rechter geadviseerd wat met de cliënt zou moeten gebeuren om zijn strafbare gedrag te doen stoppen of op zijn minst in te perken. Dit wordt met de cliënt besproken. Als de rechter het advies volgt wordt met de cliënt een Toezichtovereenkomst gesloten, een contract waarin reclassering en cliënt afspreken hoe zij zullen samenwerken om het strafbare gedrag van de cliënt in te dammen. Mocht uitwerking van het plan onverhoopt niet lukken of houdt de cliënt zich niet aan bepaalde voorwaarden, dan wordt de opdracht teruggegeven aan de opdrachtgever (het Openbaar Ministerie) die de rechter kan voorstellen het voorwaardelijke strafdeel ten uitvoer te leggen.
In feite is het reclasseringswerk een vorm van voorwaardelijke hulpverlening: de cliënt kan kiezen tussen begeleiding (waaronder gedragsinterventies) of gevangenisstraf. Opmerkelijk is dat de woorden 'hulpverlening' en 'cliënt' uit het reclasseringsvocabulair zijn geschrapt. In plaats hiervan zijn de woorden 'begeleiding' en 'dader/verdachte' gekomen. In dit boek blijft het woord 'cliënt' gehandhaafd, ook voor daders in een strafproces. Ook de advocaat in datzelfde strafproces spreekt over zijn cliënt en neemt (terecht) de terminologie van de rechtbank niet over.
Mensen die ernstige misdrijven hebben gepleegd maar als gevolg van psychische stoornissen niet voor veroordeling in aanmerking komen, kunnen een tbs krijgen, een terbeschikkingstelling van de regering. Onderscheid wordt gemaakt tussen tbs met dwangverpleging (in een gesloten inrichting) en tbs met voorwaarden (ambulant en poliklinisch).

GROEP 3
De derde groep wettelijk onvrijwillige cliënten of patiënten omvat mensen met psychiatrische klachten, die een gevaar voor zichzelf of de omgeving vormen. Met een door de rechtbank af te geven VM (voorlo-

pige machtiging) of een MVV (machtiging tot voortgezet verblijf) kunnen zij worden opgenomen in een psychiatrisch ziekenhuis.

2.3 Zelfbeschikkingsrecht en hulpverlening

Hulpverlening onder dwang betekent ingrijpen in het persoonlijk leven van mensen en is dus een beperking van hun zelfbeschikkingsrecht. Het zelfbeschikkingsrecht is een van de grondrechten die in de grondwet zijn vastgelegd en het kan alleen met een uitspraak van de rechter worden beperkt. De meest ingrijpende beperkingen zijn gevangenisstraf, gedwongen opname in een psychiatrisch ziekenhuis en opname in een tbs-kliniek. Maar ook beperking van of ontzetting uit het ouderlijk gezag zijn geduchte ingrepen in het zelfbeschikkingsrecht. Vrijwel altijd zijn deze beperkingen van tijdelijke aard, behalve wanneer een levenslange gevangenisstraf wordt opgelegd. In Nederland is levenslang ook levenslang. Bij tijdelijke gevangenisstraffen van bijvoorbeeld vijftien of twintig jaar volgt vrijwel automatisch een voorwaardelijke invrijheidstelling (VI) nadat twee derde van de straf is uitgezeten, terwijl bij opname in een tbs-kliniek regelmatig wordt nagegaan of terugkeer in de vrije maatschappij tot de mogelijkheden behoort. Hoewel bij gevangenisstraf het vergeldingselement voorop-staat, is bij alle beperkingen van het zelfbeschikkingsrecht de bedoeling aanwezig om die beperkingen op verantwoorde termijn (zo snel mogelijk) teniet te doen en betrokkenen hun rechten terug te geven.

EERLIJKE KANS

Om mensen een eerlijke kans te geven bij het terugkrijgen van hun rechten en hen zo veel mogelijk te behoeden voor terugval, is hulpverlening gedurende de 'beperkingstijd' van essentieel belang. Het gaat dan wel om hulpverlening die door de uitspraak van de rechter wezenlijk anders is dan in het kader van de vrije maatschappij. In de praktijk van het uitvoerend werk blijkt deze 'gedwongen' hulpverlening verre van eenvoudig. Voor cliënten overheerst vrijwel altijd het strafelement dat zij in de beperking aanwezig achten en bij uitvoerend werkers bestaat soms de neiging om het wettelijke kader naar de achtergrond te schuiven en het hulpverleningsaspect te benadrukken. Een belangrijk motief hiervoor is dat om te kunnen toewerken naar herstel van het zelfbeschikkingsrecht op zijn minst een minimale (liefst groeiende) vorm van samenwerking tussen cliënt en werker noodzakelijk is. Op basis van het BUPO-verdrag (internationaal verdrag inzake burgerrechten en politieke rechten) is heropvoeden en hersenspoelen (gelukkig) verboden. Het is de opdracht voor hulpverleners-in-een-wettelijk-kader om met zo weinig mogelijk beperkingen van de vrijheid van cliënt, met de minst ingrijpende middelen en gebruikmakend van instrumenten die lang niet volmaakt zijn, binnen de kortst mogelijke tijd tot de best haalbare resultaten te komen. Het startpunt ligt bij het verminderde zelfbeschikkingsrecht en van daaruit wordt toegewerkt naar teruggave van het zelfbeschikkingsrecht: het eindpunt. In de nieuwe reclasseringsbenadering is teruggave van het zelfbeschikkingsrecht gekoppeld aan de doelstelling 'voorkomen van recidive'. Voor het afleggen van de weg tussen deze start en finish is een scala aan hulpverlenende activiteiten nodig. Die komen verderop in dit hoofdstuk aan de orde.

2.4 Jeugdbescherming

Kinderen hebben rechten. In het Internationale Verdrag inzake de Rechten van het Kind, sinds 1995 in Nederland van kracht, wordt vastgesteld dat kinderen door hun kwetsbare positie bijzondere zorg en bescherming behoeven op weg naar zelfstandigheid. Het zijn natuurlijk in de eerste plaats de ouders die verantwoordelijk zijn voor verzorging, opvoeding en ontwikkeling van hun kinderen. Maar ook op de overheid rust de verplichting om het fundamentele recht van kinderen op zorg en bescherming te waarborgen. De overheid steunt ouders bij hun opvoedingstaak door het bieden van onderwijs, opvoedingsondersteuning en jeugdhulpverlening. Daarnaast heeft de overheid als taak de belangen en rechten van het kind te waarborgen wanneer ouders hun opvoedingsverantwoordelijkheid niet (meer) kunnen waarmaken. Bij het uitvoeren van deze taken zijn de jeugdbeschermingsketen en de bredere jeugdzorgketen actief. De jeugdbeschermingsketen bestaat uit de Raad voor de Kinderbescherming, de kinderrechter en het Bureau Jeugdzorg (BJZ). De bredere jeugdzorgketen bestaat uit lokale voorzieningen zoals opvoedbureaus, consultatiebureaus en de jeugdgezondheidszorg. Als deze voorzieningen niet toereikend zijn, kan de hulp van BJZ worden ingeroepen die afhankelijk van de aard en ernst van de problematiek ouders en kinderen op vrijwillige basis kan doorverwijzen naar zogenoemde geïndiceerde zorg. Vormen daarvan zijn: intensieve ambulante hulp, daghulp, pleegzorg en residentiële hulp. Als ouders deze hulp niet accepteren of de hulp niet toereikend is én het kind hiervan de dupe dreigt te worden, doet BJZ een melding bij de Raad voor de Kinderbescherming die dan een onderzoek instelt en hiervan rapport uitbrengt. Op basis van dit rapport kan de raad de kinderrechter verzoeken een kinderbeschermingsmaatregel in te stellen.

Kinderen hebben rechten, maar ze hebben ook plichten: ook zij moeten leren zich aan de maatschappelijke regels te houden. Kinderen tussen de twaalf en achttien jaar die diefstallen plegen, vernielingen aanrichten, gewelddadig gedrag vertonen, kunnen door de politie worden opgepakt. Afhankelijk van de ernst van de overtreding kan het Bureau HALT (Het ALTernatief) worden ingeschakeld, waarover later meer. Als het ernstige zaken betreft gaat het proces-verbaal naar de officier van justitie, die kan besluiten de kinderrechter erbij te betrekken. De kinderrechter kan straffen opleggen in de vorm van boetes, vrijheidsstraffen, taakstraffen of leerstraffen. Kinderen onder de twaalf jaar kunnen ook door de politie worden aangehouden. Zij zijn echter niet strafrechtelijk verantwoordelijk voor hun daden en kunnen dus niet strafrechtelijk worden vervolgd. Zij kunnen wel extra in de gaten worden gehouden en inmiddels worden ook kinderen beneden de twaalf jaar naar HALT verwezen.

GEZINSDRAMA'S AANZET TOT VERANDERING

In de afgelopen jaren is er in de jeugdbescherming veel veranderd, zowel op organisatorisch als op inhoudelijk gebied. Daarbij valt op dat het uitvoerend werk in toenemende mate ondersteund wordt door wetenschappelijk onderzoek. Deze ontwikkeling is sterk beïnvloed door een aantal gezinstragedies die in de media breed zijn uitgemeten.

In 2001 werd de vierjarige Rowena Rikkers vermoord en in stukken gesneden. Haar lichaamsdelen werden verspreid over het land gevonden, onder meer bij strand Nulde. Zij werd bekend als het Meisje van Nulde en pas na veel onderzoek bleek dat zij door de vriend van haar moeder om het leven was gebracht.
In 2002 werd het land opgeschrikt door een drama in Roermond. Daarbij kwamen zes kinderen uit een gezin om het leven nadat de vader in een dronken bui brand had gesticht. De inspectie deed onderzoek waaruit bleek dat de hulpverlening rondom het gezin faalde, onder meer door gebrek aan samenwerking.
In 2004 werd het lijkje van de driejarige Savanna uit Alphen aan den Rijn gevonden in de achterbak van een auto. Savanna's moeder en haar partner wilden het vermoedelijk in de bossen bij Holten begraven. Tijdens haar leven was Savanna al eens door instanties uit huis gehaald, omdat er veel problemen in het gezin waren. Maar uiteindelijk bepaalde de kinderrechter – op aanraden van de hulpverlenende instanties – dat ze weer thuis kon gaan wonen.

Bij al deze gezinnen bleken één of meer hulpverleners betrokken te zijn. Terecht werd de vraag gesteld: wat deden die hulpverleners en was wat zij deden wel effectief? In het geval van Savanna moest de gezinsvoogd zelfs voor de rechter verantwoorden wat zij wel en niet gedaan had. Deze gebeurtenissen schokten de publieke opinie en trokken de aandacht van de politiek. Bij de kabinetsformatie in 2007 werd een ministerie van Jeugd en Gezin in het leven geroepen. In 2005 was de Wet op de Jeugdzorg al van kracht geworden en zo kreeg de politiek duidelijk invloed op het gebied van de jeugdzorg. Deze invloed krijgt gestalte door wijzigingen in organisatievormen en door wijzigingen in richtlijnen voor de werkuitvoering.

ANDERE ORGANISATIEVORMEN EN WERKWIJZEN

Was voorheen in ieder arrondissement een Raad voor de Kinderbescherming, er is nu één Raad voor de Kinderbescherming met een landelijke directie, een landelijk bureau en 22 lokale vestigingen. De bedoeling is dat gewerkt wordt volgens richtlijnen die voor alle vestigingen gelden.
Bureau Jeugdzorg (BJZ) kreeg een wettelijke basis met de invoering van de Wet op de Jeugdzorg in 2005. In elke provincie en in de steden Amsterdam, Rotterdam en Den Haag is een Bureau Jeugdzorg gevestigd. BJZ is dus overwegend een provinciaal instituut. Het provinciaal bestuur heeft grote invloed op het bureau en het bureau moet aan de provincie verantwoording afleggen.
BJZ is de centrale toegang tot de jeugdzorg, inclusief de ggz-jeugd, de jeugdbescherming en – gepland enkele jaren na invoering van de wet – de zorg voor jeugdigen met een lichte verstandelijke beperking. BJZ heeft te maken met veel invloeden, vanuit de provincie en vanuit de rijksoverheid via wet- en regelgeving. De gezinsvoogdij, voogdij en jeugdreclassering vallen onder het ministerie van Justitie, de overige taken onder het programmaministerie van Jeugd en Gezin. Gemeenten proberen invloed uit te oefenen op de toegangsfuncties van het bureau met het oog op de aansluiting op gemeentelijke voorzieningen. Ook zorgaanbieders oefenen invloed uit op het bureau omdat ze veel belang hebben bij afstemming tussen de werkwijze van BJZ en hun eigen werkprocessen.
Het is ook de bedoeling dat cliënten mede het bureau sturen. Of daar in de praktijk veel van terechtkomt is de vraag, omdat cliënten veelal niet georganiseerd zijn. Wel is het uitgangspunt dat vraaggericht gewerkt wordt; het kind staat daarbij centraal (Van Montfoort & Tilanus, 2007).

Gestimuleerd door het ministerie van Jeugd en Gezin worden in alle gemeenten in het land Centra voor Jeugd en Gezin gevestigd, waar ouders, kinderen en jongeren terechtkunnen voor kleine en grote vragen bij opgroeien en opvoeden. Men kan er zonder afspraak binnenlopen en bovendien is het centrum 24 uur per dag telefonisch bereikbaar. Gesteld wordt dat de gemeenten op deze wijze zorg dragen voor eenvoudige hulp dicht bij huis, terwijl de provincies zorgen voor zwaardere hulp, meer op afstand en gespecialiseerd.
BJZ is in elke provincie het centrale orgaan voor het aanmelden van ernstige opvoedingsproblemen en kindermishandeling (meldpunt AMK). Het is en blijft ook het verwijzingspunt naar de Raad voor de Kinderbescherming.

INVLOED VAN WETENSCHAPPELIJK ONDERZOEK

Een belangrijke ontwikkeling in de jeugdzorg is de toenemende invloed van wetenschappelijk onderzoek op de praktijk. Zo is voor het gezinsvoogdijwerk (de ondertoezichtstellingen) de Deltamethode Gezinsvoogdij (Van Montfoort & PI Research, 2008) ontwikkeld die geldt voor alle ondertoezichtstellingen die in Nederland worden uitgesproken. In de periode van oktober 2002 tot januari 2005 kreeg de ontwikkel- en pilotfase van het Deltaplan Gezinsvoogdij gestalte. In deze fase werkten vier teams van gezinsvoogden, met elk een caseload van vijftien jeugdigen per fte met de nieuwe Deltamethode. De ervaringen met het werken volgens de Deltamethode Gezinsvoogdij - in combinatie met de lagere caseload – zijn zodanig positief dat het ministerie van Justitie besloot tot landelijke invoering.
Jongeren vanaf twaalf jaar die voor hun achttiende één of meer delicten hebben gepleegd, kunnen te maken krijgen met het Bureau Jeugdreclassering. Voor de aanpak van deze doelgroep is het *Handboek methode Jeugdreclassering* (Vogelvang, 2005) tot stand gekomen dat een uitgewerkte methodiek beschrijft en daarnaast aanwijzingen geeft die mogelijkheden scheppen voor ondersteuning van de praktijk door middel van wetenschappelijk onderzoek. Aanleiding tot invoering van het handboek was de constatering dat er veel verschillende methodische uitgangspunten en attitudes in de jeugdreclassering bestaan. Dat maakt niet alleen het werken soms lastig en tijdrovend, maar staat ook een doorgaande professionalisering van het werk in de weg. Hoewel diversiteit de charme heeft van creativiteit en eigenzinnigheid, is ze om een aantal redenen ongewenst. Zonder te streven naar overdreven standaardisering, protocollering en uniformiteit: iedere jongere moet kunnen rekenen op een vergelijkbaar aanbod, dat aan kwaliteitseisen voldoet, de steun heeft van de professionele organisaties en zoveel mo-

gelijk evidence-based is. Pas binnen deze grenzen kan de individuele jeugdreclasseerder floreren.
In ons land wordt in toenemende mate onderzoek gedaan naar jeugd en opvoeding. Universiteiten en hogescholen maar ook instellingen die met kinderen en jongeren werken, kunnen praktijkonderzoek doen naar bijvoorbeeld interventies, instrumenten en richtlijnen. Daarbij gaat speciale aandacht uit naar de effectiviteit en uitvoerbaarheid. In opdracht van het ministerie van Jeugd en Gezin ontwikkelt het Nederlands Jeugdinstituut (NJi) de databank Nederlands Onderzoek Jeugd en Opvoeding. Deze databank Effectieve Jeugdinterventies bevat beschrijvingen van ondersteunings-, preventie-, behandel- en sanctieprogramma's die bedoeld zijn om problemen bij het opgroeien en opvoeden van jeugdigen te voorkomen, te verzachten, te compenseren of te verhelpen. Het NJi beheert de databank in samenwerking met een groot aantal partners. Sommigen vinden dat alleen nog maar met evidence-based interventies gewerkt zou moeten worden, maar het is niet de bedoeling dat professionals alleen nog maar bewezen-effectieve interventies gaan uitvoeren. Algemene regels passen niet zomaar bij praktijksituaties. Praktijkwerkers zijn dan ook niet slechts consumenten van kennis over 'wat werkt', maar ook producenten. De kernboodschap is: het gaat uiteindelijk om de effectief werkende professional. Een samenspel tussen het *top-down* implementeren van kennis en het *bottum-up* blootleggen en uitwisselen van wat werkt in de praktijk is essentieel.
Mede onder invloed van de eerder gememoreerde gezinsdrama's zijn verschillende projecten gestart ter verbetering van de signalering en samenwerking op het gebied van jeugdzorg en jeugdbescherming. Omdat het hier gaat om voortrajecten van jeugdbescherming (niet wettelijk onvrijwillig maar sociaal onvrijwillig) worden die in deel II van dit hoofdstuk beschreven.

JEUGDBESCHERMINGSINSTELLINGEN

Het werk van de jeugdbeschermingsinstellingen bevindt zich in de top van de jeugdzorgpiramide. In de jeugdbescherming heeft men te maken met 'kinderen in gevaar en met gevaarlijke kinderen' (Schnabel, 1999). Het gaat om problematische en risicovolle opvoedingssituaties waarin het nodig kan zijn de kinderrechter te vragen om de ouders gedeeltelijk of geheel buitenspel te zetten. Dit vraagt om hoogstaand professioneel werk. In deze paragraaf wordt wat uitvoeriger stilgestaan bij instellingen die werkzaam zijn in de jeugdbescherming. Aan bod komen: politie en Bureau HALT, Bureau Jeugdzorg (met de afdelingen Advies- en Meldpunt Kindermishandeling, Gezinsvoogdij en

Voogdij en het Bureau Jeugdreclassering), de kinderrechter en de Raad voor de Kinderbescherming.

Politie en Bureau HALT

De politie heeft volgens artikel 2 van de Politiewet naast het handhaven van de rechtsorde ook de taak daadwerkelijk hulp te verlenen aan hen die dit behoeven. Deze combinatie van taken houdt in dat de politie zowel met kinderen in gevaar als met gevaarlijke kinderen te maken krijgt. Afhankelijk van de situatie werkt de politie samen met instellingen op het gebied van jeugdhulpverlening of instellingen die op jongeren toegesneden straffen kunnen toepassen.
Naar Bureau HALT verwijst de politie jongeren tussen twaalf en achttien jaar indien deze niet al te ernstige delicten hebben gepleegd. Het gaat om zaken als baldadigheid, kleine beschadigingen of winkeldiefstal. Bij HALT kunnen jongeren voor maximaal twintig uur taken krijgen die zo veel mogelijk raakvlakken hebbent met het feit waarvoor de politie hen heeft opgepakt. De straf heeft de vorm van een leer- of werkopdracht of herstel van de aangerichte schade. Als de opdracht goed uitgevoerd is, wordt de kinderrechter niet ingeschakeld en wordt geen strafblad aangelegd.
Gedurende een aantal jaren werd ook gewerkt met kinderen beneden de twaalf jaar onder de naam STOP. Met ingang van 1 januari 2010 is dit project gewijzigd in een samenwerkingsproject tussen Bureau Jeugdzorg en de ouders van deze kinderen.

Voorbeeld van een bijzondere aanpak is die van het Jeugdinterventieteam Walcheren, een samenwerkingsproject tussen maatschappelijk werk en jeugdpolitie. Op maandag komen bij het maatschappelijk werk meldingen binnen over overlastbezorgers. Zijn deze jongeren bekend bij Bureau Jeugdzorg, de ggd of de leerplichtambtenaar, dan nemen die contact op met het gezin over de melding. Is het gezin niet bekend, dan gaat de maatschappelijk werker samen met de jeugdagent in dezelfde week naar het gezin om de melding met de ouders te bespreken. In 2008 bezochten maatschappelijk werker en jeugdagent 127 gezinnen; 70 procent van de kinderen uit die gezinnen werd in 2009 niet voor een tweede keer aangehouden. Een extern bureau is ingeschakeld om onderzoek te doen naar deze aanpak.

Bureau Jeugdzorg

Het Bureau Jeugdzorg (BJZ), dat per 2005 een wettelijke basis kreeg, is op provinciaal niveau de toegangspoort voor de zwaardere gevallen in de jeugdzorg, waarvan de top gevormd wordt door de justitiële jeugdbescherming. BJZ kent de volgende afdelingen: indicatiestelling voor allerlei vormen van vrijwillige hulpverlening, zoals intensieve ambulante zorg, dagbehandeling en residentiële hulpverlening; het Advies- en Meldpunt Kindermishandeling, de afdelingen Gezinsvoogdij en Voogdij; het Bureau Jeugdreclassering. Hier worden alleen het AMK, de afdelingen Gezinsvoogdij en Voogdij en het Bureau Jeugdreclassering besproken.

Advies- en Meldpunt Kindermishandeling

Voorheen was het Advies- en Meldpunt Kindermishandeling (AMK) een zelfstandige instelling, maar het is nu ondergebracht bij het Bureau Jeugdzorg. Het AMK is niet zelf actief in het opsporen van problemen met kinderen, maar functioneert in een bepaalde regio als centraal meldpunt voor alle meldingen van kindermishandeling. De AMK's, die een voortzetting zijn van de vroegere Bureaus Vertrouwensarts, nemen hiermee een taak over van de Raad voor de Kinderbescherming. Ze adviseren melders hoe die zich kunnen opstellen ten opzichte van ouders en kinderen waarover zij vermoedens van mishandeling hebben. Ook kan het AMK naar aanleiding van een melding een onderzoek instellen. Als de indruk bestaat dat een kinderbeschermingsmaatregel noodzakelijk is, wordt de Raad voor de Kinderbescherming om een onderzoek gevraagd. Wanneer een melding binnenkomt, heeft het AMK de bevoegdheid om nadere informatie in te winnen zonder de ouders direct hiervan in kennis te stellen. Dit moet wel gebeuren binnen een termijn van vier weken nadat de melding is binnengekomen. Deze bevoegdheid van het AMK is gebaseerd op het Internationale Verdrag ter bescherming van de Rechten van het Kind, waarin de bescherming van het kind prioriteit krijgt boven de privacy van de ouders.

Enigszins vergelijkbaar met het AMK, maar geen onderdeel van BJZ, is het Steunpunt Huiselijk Geweld (SHG). Als iemand zich schuldig maakt aan huiselijk geweld, kan de burgemeester bepalen dat hij of zij gedurende tien dagen de woning niet meer in mag. Deze maatregel is gebaseerd op de wet Tijdelijk Huisverbod die in 2009 in werking is getreden.

Afdelingen Gezinsvoogdij en Voogdij

Indien de kinderrechter, op verzoek van de Raad voor de Kinderbescherming, een ondertoezichtstelling (OTS) heeft uitgesproken, wordt de uitvoering van deze kinderbeschermingsmaatregel toevertrouwd aan de afdeling Gezinsvoogdij. Een OTS kan worden uitgesproken bij ernstige bedreiging van zedelijke of geestelijke belangen of de gezondheid van een minderjarige, en wanneer andere middelen om die bedreiging teniet te doen hebben gefaald. Als binnen het kader van een OTS een uithuisplaatsing wenselijk is tegen de wil van de ouders in, is hiervoor een specifieke machtiging van de kinderrechter nodig. De afdeling benoemt een gezinsvoogd die namens de instelling het gezin begeleidt en bijstuurt op de punten die aanleiding waren voor de OTS. Een OTS wordt uitgesproken voor de periode van een jaar en kan daarna verlengd worden. Uitvoering ervan gebeurt landelijk volgens een en dezelfde methode, de Deltamethode voor de gezinsvoogdij (Van Montfoort & PI Research, 2008).

Bij ontheffing of ontzetting uit het ouderlijk gezag, die de kinderrechter moet uitspreken, wordt de verdere opvoeding van de kinderen toevertrouwd aan de afdeling Voogdij. Gronden voor ontheffing en ontzetting zijn ernstige mishandeling of misbruik van de kinderen. In de meeste gevallen probeert de afdeling Voogdij voor deze kinderen een vervangend (pleeg)gezin te vinden.

Bureau Jeugdreclassering

De jeugdreclassering is een onderdeel van BJZ. Het is geen geïsoleerde afdeling maar een integraal onderdeel van de veel grotere organisatie. De missie en visie van BJZ gelden ook voor de jeugdreclassering. Er zijn inhoudelijke verbanden met de gezinsvoogdij, die net als de jeugdreclassering werkt in een juridisch kader volgens een gestructureerde methode. Met de Raad voor de Kinderbescherming is er intensieve samenwerking.

De doelgroep van de jeugdreclassering bestaat uit jongeren vanaf twaalf jaar die voor hun achttiende één of meer delicten hebben gepleegd en vervolgens met justitie in aanraking zijn gekomen. Zij verkeren in dusdanig risicovolle omstandigheden dat (verder) afglijden naar crimineel gedrag verwacht wordt. Het gaat hier om een deel van de jongeren die door de politie zijn doorgestuurd naar de officier van justitie (casusoverleg met Raad voor de Kinderbescherming en politie). Niet de hele groep die hier terechtkomt (circa 32.000 jongeren per jaar) krijgt met de jeugdreclassering te maken. Voor een belangrijk deel is een geldboete of een taakstraf voldoende als reactie op het strafbare feit. Een kwart van de groep heeft meer begeleiding nodig.

De jeugdreclassering krijgt dus vooral te maken met de 'zwaardere' gevallen; de jeugdreclasseerder heeft van doen met een groep waarover in de strafrechtketen veel zorgen bestaan.
Voor de aanpak van deze groep jongeren is voor het Bureau Jeugdreclassering het *Handboek methode Jeugdreclassering* (Vogelvang, 2005) samengesteld dat geldt voor alle Bureaus Jeugdreclassering in Nederland. In de aanpak worden onderscheiden de normatieve route (*values-based*), de wetenschappelijke route (*evidence-based*) en de pragmatische route (*practice-based*).

Kinderrechter

De kinderrechter maakt deel uit van de rechtbank. Tot de taken van de kinderrechter behoort het beoordelen of op een verzoek van de Raad voor de Kinderbescherming een maatregel van kinderbescherming dient te worden genomen. Zo'n maatregel die het ouderlijk gezag beperkt (ondertoezichtstelling) of volledig opschort (ontheffing of ontzetting) beperkt een grondrecht van burgers dat in de grondwet is vastgelegd. Daarom is hiervoor een rechterlijke uitspraak nodig. Niet alleen indien kinderen in gevaar zijn, maar ook als er sprake is van 'gevaarlijke kinderen' (jongeren van twaalf tot achttien jaar) die via de politie met justitie in aanraking zijn gekomen, komt de kinderrechter in het geweer. Nu niet op basis van het familierecht, maar op basis van het strafrecht.
In het kader van het familierecht kan de kinderrechter onder meer bepalen aan welke ouder de kinderen na echtscheiding worden toegewezen.

Raad voor de Kinderbescherming

De Raad voor de Kinderbescherming is een overheidsinstelling die valt onder het ministerie van Justitie. De taak van de raad is het opkomen voor het belang van minderjarigen als dat wordt geschaad of onvoldoende gewaarborgd.
Op de organisatie en de werkwijze van de raad is door de jaren heen veel kritiek geweest en als gevolg daarvan zijn veel veranderingen tot stand gekomen. In plaats van negentien Raden voor de Kinderbescherming is er nu één Raad voor de Kinderbescherming met 22 landelijke vestigingen. De werkwijze van de raad is vastgelegd in een onderzoeksmodel (1999) waarvan het voorwoord als volgt begint: 'De bemoeienis van de Raad voor de Kinderbescherming in situaties waar de rechten van kinderen mogelijk in het geding zijn, moet worden gelegitimeerd. De Raad dient verantwoording af te leggen over het onderzoek naar deze situaties en de hieruit voortvloeiende besluiten. Een

vaste werkwijze is voor zowel de legitimering als voor het afleggen van verantwoording een aanwinst. Het zorgt voor veel inzicht voor en bij alle betrokkenen en geeft ieders belang nadrukkelijk een plaats. Een groot voordeel, want een onderzoek door de Raad kan grote emotionele en juridische gevolgen hebben.'
Het onderzoeksmodel is een duidelijk gestructureerd fasemodel dat aangeeft welke stappen bij een onderzoek genomen dienen te worden om tot verantwoorde rapportage te komen. Het expliciteert vanuit welke theoretische achtergronden wordt gedacht en welke aandachtsgebieden (het kind, het opvoeden, de ouders, het gezinsfunctioneren, de maatschappelijke positie, de culturele achtergrond) centraal moeten staan.
Meldingen komen niet rechtstreeks binnen bij de Raad voor de Kinderbescherming, maar bij BJZ en AMK die dus als voorstations van de raad functioneren. Als BJZ of AMK een raadsonderzoek nodig acht, wordt de melding aan de raad doorgegeven. Hiermee is de intakefunctie voor kindermishandelingsmeldingen voor de raad komen te vervallen, behoudens in crisissituaties.
De volgende functies behoren tot het takenpakket van de Raad voor de Kinderbescherming:

- onderzoek bij ernstige opvoedingsproblemen en zo nodig de kinderrechter verzoeken om een maatregel van kinderbescherming (OTS of ontheffing of ontzetting);
- adviseren van de rechtbank over toewijzing en/of omgangsregelingen in echtscheidingszaken;
- adviseren van de kinderrechter aangaande het gezag over kinderen;
- adviseren van de rechtbank over adoptiezaken;
- voorlichten van de officier van justitie en de kinderrechter in strafzaken tegen minderjarigen.

Ook voor de Raad voor de Kinderbescherming geldt dat hij te maken krijgt met kinderen in gevaar en met gevaarlijke kinderen. Dat betekent dat de contacten plaats kunnen vinden op civielrechtelijke gronden (problematische opvoeding) maar ook op strafrechtelijke basis (strafbare feiten). In het eerste geval zal het advies van de raad gericht zijn op bescherming van het kind en verbetering van de opvoedingssituatie, in het tweede geval zal het advies een combinatie zijn van straf en sturing in de opvoeding. Als de kinderrechter een taakstraf op zijn plaats vindt, wordt de uitvoering daarvan begeleid door de raad. Het gaat dan om zaken die niet meer bij Bureau HALT thuishoren. Een volgende stap kan zijn dat gekozen wordt voor begeleiding door Bureau Jeugdreclassering of plaatsing in een justitiële jeugdinrichting.

Medewerkers van de Raad voor de Kinderbescherming leveren ook een bijdrage aan preventie. Ze nemen bijvoorbeeld deel aan het Overleg Risico Jongeren (ORJ) waarin politie, leerplichtambtenaar, jeugdzorg, jeugdreclassering en Bureau HALT samenwerken bij het tijdig signaleren van problemen rondom individuele jongeren en rondom groepen jongeren. Dit overleg is min of meer een vervolg op de buurtnetwerken jeugdhulpverlening.

ENKELE PRAKTIJKSCHETSEN

Om de abstracte formuleringsgronden te concretiseren volgen enkele korte praktijkschetsen uit de geschiedenis van de OTS. De praktijkschetsen zijn ontleend aan een boek dat verscheen bij de 75e 'verjaardag' van de OTS (Nijnatten, 1997). Het gaat om beknopte praktijkfragmenten die allerlei vragen onbeantwoord laten; enkele van die vragen worden in het commentaar op de fragmenten onder woorden gebracht.

Carol

Carol is tien jaar en woont bij haar moeder en de vriend van moeder. Haar twee jaar oudere broer is uit huis geplaatst en woont in een tehuis voor moeilijk opvoedbare kinderen. Carol is onder toezicht gesteld. Moeder en vriend hebben vaak ruzie, moeder wordt regelmatig bont en blauw geslagen en gaat dan elders wonen met het kind. In drie jaar tijd is Carol zeven keer verhuisd, maar telkens komt de vriend toch weer inwonen en herhaalt de geschiedenis zich. Als Carol enkele maanden in een pleeggezin verblijft bloeit ze op. Moeder aanvaardt echter niet dat haar dochter elders woont en krijgt gedaan dat Carol weer bij haar komt wonen. In de tijd daarna wordt het meisje erg somber, vraagt veel negatieve aandacht en is continu met de dood bezig. Ze mishandelt haar huisdieren – in één geval tot de dood erop volgt.

Opmerkelijk in dit korte praktijkfragment is dat de opvoedingsomgeving in eerste aanleg als onvoldoende wordt gekenmerkt, op grond waarvan een OTS wordt uitgesproken. Tevens blijkt dat Carol ten goede verandert als zij een paar maanden bij een pleeggezin woont. Hoewel niet vermeld wordt dat de thuissituatie verbeterd is, wordt Carol op aandringen van moeder weer thuis geplaatst. Hier gaat het niet goed met haar. Op grond waarvan het opvoedingsklimaat nu als voldoende werd beoordeeld blijft onduidelijk. Is wellicht gehandeld op basis van de uitspraak: het slechtste gezin is beter dan het beste pleeggezin?

Margo

Margo wordt als baby en peuter regelmatig in het ziekenhuis opgenomen met vele kwetsuren waarvan de oorzaken dubieus zijn. Men vermoedt mishandeling door de vader, die een ernstige narcistische persoonlijkheidsstoornis heeft. Ieder huiltje van Margo ervaart vader als een krenking van zijn vadergevoel: het moet worden afgestraft. Als vader wordt geconfronteerd met het vermoeden van mishandeling, krijgt hij een driftbui en vertrekt met de noorderzon. Drie jaar later ontdekt moeder bij toeval dat vader bij een andere vrouw inmiddels twee kinderen heeft, die ook regelmatig met dubieuze verwondingen in het ziekenhuis worden opgenomen.

Uit dit praktijkfragment blijkt hoe belangrijk het is dat hulpverleners (uit zowel de medische, pedagogische als de maatschappelijkwerkhoek) alert zijn op signalen en snel reageren. Hoewel op een gegeven moment wordt ingegrepen en vader met het vermoeden van mishandeling wordt geconfronteerd, gebeurt dat pas nadat Margo meermalen in het ziekenhuis is opgenomen met 'verdachte' kwetsuren. Het gaat niet om een incident maar om gebeurtenissen die zich over enkele jaren uitstrekken. Al gaat het zelden om klip-en-klare zaken, toch doet zich hier de vraag voor wat de reden geweest mag zijn om zo lang te wachten met ingrijpen. Is hier geschipperd tussen gerechtvaardigde zorg voor het kind en het risico de ouders te kwetsen? Is hier sprake van verwijtbaar niet-ingrijpen?

Jan Horwath (1999) beschrijft soortgelijke afwegingsprocessen die hulpverleners moeten maken in het contact met ouders bij wie het syndroom van Münchhausen by proxy vermoed wordt. Dit zijn ouders die hun kind ziek maken of mishandelen om zelf in het centrum van de aandacht komen te staan.

Carla

Als Carla drie jaar oud is wordt zij samen met haar twee broertjes door de Raad voor de Kinderbescherming met politieondersteuning bij de moeder en stiefvader weggehaald. Lichamelijk onderzoek toont bij alle drie de kinderen ernstige ondervoeding, licha-

melijke kwetsuren en seksueel misbruik aan. De moeder wordt gediagnosticeerd als borderline, de stiefvader als psychopaat. Er volgt ontzetting uit het ouderlijk gezag en Carla en haar broertjes worden in een tehuis geplaatst. Hiermee is het verhaal niet ten einde, want gedurende enkele jaren vechten moeder en stiefvader de ontzetting aan. Zij winnen het proces waarna Carla en haar broertjes zonder begeleiding of toezicht weer thuisgeplaatst worden. Als Carla veertien jaar is, start de Raad – na melding van de school – een nieuw onderzoek naar de gezinssituatie. De uitkomst is wederom verregaande verwaarlozing, mishandeling en misbruik van alle kinderen.
Inmiddels is Carla volwassen. Ze heeft zelf kinderen en is ernstig getraumatiseerd door haar jeugdervaringen. Voor een van haar eigen kinderen – een borderlinemeisje – heeft zij een ondertoezichtstelling aangevraagd omdat ze niet in staat is om zichzelf en dit meisje in de hand te houden.

Carla behoort tot de groep zogenoemde Kopp-kinderen, kinderen van ouders met psychiatrische problemen. Uit onderzoek blijkt dat een groot deel (30-70%) van deze kinderen relationele en/of gedragsproblemen heeft (Weintraub, 1991). Wat destijds de reden is geweest om Carla, na het jarenlange aanvechten van moeder en stiefvader, zonder enige vorm van begeleiding weer thuis te plaatsen blijft onduidelijk. Het verdere verloop van de levensgeschiedenis van Carla doet de vragen naar deze beslissing alleen maar toenemen. Deze casus is een triest voorbeeld van de herhaling van problemen over de generaties heen, helaas geen zeldzaamheid. Veel jeugdhulpverleners werken vanuit de motivatie om deze cirkelgang te doorbreken.

Een fascinerende blik achter de schermen van het kinderbeschermingswerk biedt het boek *Een moeilijke jeugd* van Loes de Fauwe (2008) waarin kinderrechter Anita Leeser op zoek gaat naar negen volwassenen over wie zij in hun kindertijd een OTS uitsprak. Haar bedoeling is na te gaan hoe de maatregel heeft uitgewerkt: ten goede of ten kwade. Een complicerende factor bij het vaststellen of er sprake is van 'ernstige bedreiging van zedelijke of geestelijke belangen' is dat opvattingen over wat bedreigend is in de loop van de jaren veranderen. Eind jaren 1960 werd een OTS uitgesproken over een vijftienjarige jongen die een paar meisjesslipjes van een waslijn had gestolen. De politie maakte proces-verbaal op, de Raad voor de Kinderbescherming stelde een on-

derzoek in en op basis van het rapport sprak de kinderrechter een OTS uit. Blijkbaar was men ernstig bezorgd dat de seksuele ontwikkeling van deze jongen zou ontsporen.
Het lijkt onwaarschijnlijk dat een dergelijk voorval vandaag de dag een proces-verbaal zou opleveren, laat staan een raadsonderzoek en een OTS. Tegenwoordig krijgt men te maken met het besnijden van meisjes waarbij clitoris en kleine en grote schaamlippen worden weggesneden. Na deze ingreep krijgen vrouwen in hun cultuur de status van 'echte' vrouw. Is hier sprake van 'bedreiging met lichamelijke of zedelijke ondergang'? Of gelden hier het autonomiebeginsel (zo veel mogelijk vrijheid) en het neutraliteitsbeginsel (zo weinig mogelijk ingrijpen) en valt het met de schade wel mee?

2.5 Reclassering

De SRN (Stichting Reclassering Nederland) houdt toezicht op en begeleidt mensen die door een delict in aanraking komen met justitie. Zij doet dat in samenwerking met de Stichting Verslavingsreclassering, GGZ Nederland en de Reclassering Leger des Heils. De reclassering, die in 1998 175 jaar bestond, werd in 1823 opgericht door een aantal kooplieden met belangstelling voor het lot van gevangenen. Verspreiding van stichtelijke lectuur, het scheppen van mogelijkheden om onderwijs te volgen en het bezoeken van gevangenen behoorden tot de eerste werkzaamheden van de leden van het genootschap.
Vandaag de dag is de centrale doelstelling van de reclasseringsorganisaties in Nederland het terugdringen van hoge recidivecijfers van de mensen die een gevangenisstraf hebben ondergaan. In 2009 verlieten ongeveer 35.000 volwassenen (voor 90% mannen) de gevangenis. Van hen had ruim 80 procent al een strafrechtelijk verleden. In de komende twee jaar zal naar verwachting ruwweg de helft voor een ernstig misdrijf worden veroordeeld en opnieuw in de gevangenis belanden. Van de vijfduizend jongeren die uit een jeugdgevangenis worden ontslagen, zal ongeveer de helft weer in de gevangenis terechtkomen (Hermanns & Menger, 2009). De conclusie is dat het hier gaat om een ernstig maatschappelijk probleem waarvoor geen simpele oplossingen zijn. Overigens speelt dit probleem niet alleen in Nederland, maar ook in de Verenigde Staten, het Verenigd Koninkrijk en Australië. In die landen wordt al jarenlang, meer dan in Nederland, wetenschappelijk onderzoek gedaan naar meer effectieve methoden om deze problematiek te lijf te gaan. In diverse onderzoeken komt naar voren dat door het opleggen van een voorwaardelijke sanctie effectiever gewerkt kan worden aan gedragsverandering, terwijl aandacht voor huisvesting,

inkomen, zorg en een identiteitsbewijs de basis vormen voor het terugdringen van recidive.
In Nederland is de afgelopen jaren, gestimuleerd door het ministerie van Justitie, een begin gemaakt met het verbinden van wetenschappelijke onderzoeksmethoden en de beroepspraktijk van de reclassering. De reclassering is betrokken bij een bijzondere leerstoel aan de VU in Amsterdam en bij lectoraten aan twee hogescholen. Reclasseringswerk is zeer complex en de invulling ervan kan niet aan de opvatting van de individuele reclasseringswerker worden overgelaten. Tegelijkertijd is het de werker die handen en voeten moet geven aan alle ontwikkelde beleidslijnen en richtlijnen voor het handelen. Als gevolg van de nieuwe ontwikkelingen moest het *Handboek Reclassering* uit 1995 volledig vernieuwd worden. Ontwikkelingen in de reclassering zijn vastgelegd in het boek *Het delict als maatstaf* over de methodiek van werken in een gedwongen kader (Menger & Krechtig, 2008).

TAKEN VAN DE RECLASSERING

De huidige taken van de reclassering kunnen als volgt in kaart worden gebracht:

1 vroeghulp bieden;
2 diagnose stellen en advies formuleren, beknopt advies en uitgebreid advies;
3 toezicht houden;
4 gedragsinterventies ontwikkelen en uitvoeren;
5 taakstraffen organiseren en uitvoeren;
6 begeleiden bij voorwaardelijke invrijheidstelling.

Ad 1 Vroeghulp bieden

Vroeghulp wordt geboden aan mensen die door de politie op het politiebureau zijn ingesloten. De bedoeling is dat deze mensen in een vroeg stadium hulp krijgen om de eerste klap van de arrestatie op te vangen en een aantal zaken op de korte termijn te regelen. Tegelijkertijd kan men in een vroeg stadium bezien of deze mensen geholpen zijn met een reclasseringsaanbod. Indien de officier van justitie besluit geen vervolging in te stellen, is de vroeghulp het einde van het contact. In alle andere gevallen komt de zaak via de reclasseringsbalie bij de reclassering binnen.

Ad 2 Diagnose stellen en advies formuleren

Er is bij elk parket een reclasseringsbalie waar het OM (Openbaar Ministerie) met de medewerkers van de reclassering kan overleggen over het belang of de noodzaak van een advies.

Een opdracht om met een advies te komen wordt gegeven door de officier van justitie, de rechter of een justitiële inrichting. De reclassering bepaalt of een beknopt of een uitgebreid advies wordt gegeven. Hierbij wordt gebruikgemaakt van twee instrumenten: de quickscan (QS) en de RISc (RISc staat voor Recidive Inschattings Schalen). De quickscan wordt gebruikt als een snelle korte screening van betrekkelijk beperkte risico's. Dit advies wordt verwoord in een *Adviesrapport*.
Indien een uitgebreider advies nodig is voor noodzakelijke interventies en het risico (op recidive) gemiddeld of hoog wordt ingeschat, wordt met gebruikmaking van de RISc een uitgebreid reclasseringsadvies uitgebracht. Dit advies kan leiden tot een opdracht om zorg te verlenen of te komen tot gedragsinterventies. De RISc is een diagnostisch instrument waarmee het risicogedrag van de cliënt in kaart wordt gebracht. Het dwingt de werker zich zoveel mogelijk te baseren op feitelijke informatie en aan te geven waarop zijn beoordeling berust. Het instrument bevordert een uniforme werkwijze. Het uitgebreide advies dat de reclassering uitbrengt, wordt verwoord in een *Voorlichtingsrapport*.

Ad 3 Toezicht houden

Onderzoek wijst uit dat gevangenisstraf niet tot vermindering van recidive leidt. Een belangrijk alternatief is de voorwaardelijke sanctie: voorwaardelijke gevangenisstraf met als voorwaarde dat de reclassering gedurende maximaal twee jaar toezicht uitoefent. Bijzondere voorwaarden die de rechter kan opleggen variëren van het vergoeden van de schade en het verbod om zich ergens op te houden tot het deelnemen aan gedragsinterventies en het verbod op gebruik van verdovende middelen of alcohol (nota *Advies en toezicht in perspectief*, 2009).
Het toezicht moet een combinatie zijn van controle en begeleiding: controle om na te gaan of de veroordeelde zich aan de voorwaarden houdt en begeleiding om hem/haar daarbij te helpen. Bij toezicht gaat men uit van drie risiconiveaus: (1) lage kans op recidive, (2) gemiddelde kans op recidive en (3) hoge kans op recidive. Hoe hoger het risico, hoe intensiever het toezicht.
Een van de nieuwere ontwikkelingen is het elektronisch toezicht waarbij mensen die een voorwaardelijke gevangenisstraf van twaalf maanden of minder hebben gekregen, thuis kunnen verblijven in combinatie met een taakstraf. Een enkelbandje maakt het mogelijk na te gaan of de betrokkene thuis is. In overleg met de veroordeelde stelt de reclassering vast wanneer hij thuis dient te zijn en voor welke doelen, hoe lang en op welke tijden hij het huis mag verlaten. Het toezicht wordt uitgeoefend door een beveiligingsonderneming, de reclassering wordt op de hoogte gebracht indien de betrokkene zich niet aan de

afspraken houdt. Het gevolg is dan dat de voorwaardelijke gevangenisstraf in een definitieve wordt omgezet.

Ad 4 Gedragsinterventies ontwikkelen en uitvoeren

Gedragsinterventies zijn erop gericht om gedrag daadwerkelijk te veranderen met als resultaat dat criminaliteit wordt voorkomen. Het gaat om 'een programmatisch en gestructureerd geheel van methodische handelingen, gericht op het beïnvloeden van iemands gedrag en/of omstandigheden'. In de praktijk wordt een gedragsinterventie vaak een training of programma genoemd.
Volwassen delictplegers komen op basis van een grondige diagnose (RISc) voor een gedragsinterventie in aanmerking. De interventies worden zowel in detentie (intramuraal) als daarbuiten (extramuraal) uitgevoerd. Met RISc wordt vastgesteld welke criminogene factoren een rol hebben gespeeld bij het delict en welke gedragsinterventie is geïndiceerd. Elke gedragsinterventie kent specifieke instroomcriteria waaraan een kandidaat-deelnemer moet voldoen.
Uit onderzoek blijkt dat gedragsinterventies vooral succesvol zijn als ze:

- goed gestructureerd zijn;
- aan de juiste doelgroep worden aangeboden;
- voor de juiste criminogene tekorten worden ingezet;
- worden uitgevoerd zoals ze zijn bedoeld en beschreven.

In totaal zijn er tien kwaliteitscriteria opgesteld om de methodische aanpak, continuïteit en theoretische onderbouwing te beoordelen; dit gebeurt door een onafhankelijke commissie.
De reclassering biedt onder meer gedragsinterventies op het vlak van cognitieve vaardigheden, leefstijltraining bij problematisch middelengebruik, arbeidsvaardigheden en agressieregulatie.

Ad 5 Taakstraffen ontwikkelen en organiseren

De rechter kan beslissen dat een onvoorwaardelijke vrijheidsstraf van ten hoogste zes maanden omgezet kan worden in het verrichten van 'onbetaalde arbeid ten algemene nutte', ook wel werk- of taakstraf genoemd. Het aantal uren is maximaal 240 per vonnis en het werk moet binnen de termijn van een jaar worden verricht. Alleen non-profitorganisaties kunnen participeren in projecten voor het uitvoeren van taakstraffen. De werkzaamheden betreffen veelal natuur- en milieuonderhoud, klusjes, schilder- en verbouwwerk, huishoudelijke diensten, dierenverzorging. Per arrondissement is er een speciale unit met gespecialiseerde reclasseringswerkers die uitvoering geven aan deze sancties.

Ad 6 Begeleiden bij voorwaardelijke invrijheidstelling

Met ingang van 1 juli 2008 is een wet in werking getreden die de bedoeling heeft een bijdrage te leveren aan het voorkomen of tegengaan van recidive. Deze wet geldt voor gedetineerden die een onvoorwaardelijke vrijheidsstraf hebben van minimaal een jaar. Zij komen na twee derde van hun straf voor voorwaardelijke invrijheidstelling (VI) in aanmerking, maar mogen in hun proeftijd niet opnieuw een strafbaar feit plegen. De reclassering heeft de opdracht om toezicht te houden op de naleving van de voorwaarden en tevens een vorm van nazorg te bieden. Een gedetineerde mag niet vertrekken zonder dat gezorgd is voor onderdak, inkomen en een identiteitsbewijs omdat juist het ontbreken hiervan dikwijls aanleiding is om weer strafbare feiten te plegen.

RECLASSERING EN TERBESCHIKKINGSTELLING (TBS)

Volgens de beginselen van het Nederlandse strafrecht kan er geen straf worden opgelegd in geval van een zogenoemde schulduitsluitingsgrond. Die is aan de orde wanneer iemand ontoerekeningsvatbaar is. De strafwet omschrijft het begrip ontoerekeningsvatbaarheid als een 'gebrekkige ontwikkeling of ziekelijke stoornis van de geestesvermogens', waardoor de dader van een strafbaar feit zijn 'misdadig handelen' niet heeft kunnen overzien vanwege een psychisch defect. Om te bepalen of al dan niet van toerekeningsvatbaarheid gesproken kan worden, worden de verdachten door een psychiater onderzocht. In zeer ernstige zaken vindt dit onderzoek plaats in het Pieter Baan Centrum in Utrecht. Indien het onderzoek het vermoeden van ontoerekeningsvatbaarheid bevestigt, kan de rechter een maatregel opleggen. Er zijn twee soorten tbs: met dwangverpleging en met voorwaarden.

tbs met dwangverpleging

De tbs'er wordt verpleegd en behandeld in een beveiligde kliniek, een forensisch psychiatrisch centrum (FPC). De behandeling duurt voort tot het risico op recidive tot een aanvaardbaar niveau is teruggebracht. Bij tbs met dwangverpleging komt de reclassering in beeld in geval van proefverlof of voorwaardelijke beëindiging. In de reclassering wordt dit ook wel 'tbs achterdeur' genoemd.

tbs met voorwaarden

De tbs'er wordt ambulant of klinisch behandeld in een (poli)kliniek. Voorafgaand aan het opleggen van de maatregel heeft hij zich bereid

verklaard mee te werken aan deze behandeling. Dit maakt het mogelijk de behandeling te situeren in een behandelsetting waar het beveiligingsniveau veel lager is dan in een FPC.
Bij tbs met voorwaarden heeft de reclassering advies gegeven over de uitvoerbaarheid van de maatregel en is zij van meet af aan betrokken bij het toezicht op het verloop van het traject. Dit wordt ook wel 'tbs voordeur' genoemd.

Forensisch psychiatrisch toezicht
Een recente ontwikkeling in het tbs-toezicht is het forensisch psychiatrisch toezicht (FPT). Dit staat voor een intensief samenwerkingstraject waarin tbs-klinieken en de reclassering samen uitvoering geven aan de reïntegratie van een tbs'er in de samenleving.

2.6 Resumé

Hulpverlening in de schaduw van het recht heeft in het achter ons liggende decennium ingrijpende veranderingen ondergaan, zowel op organisatorisch gebied als op het gebied van (uniformering van) werkwijzen. De Raden voor de Kinderbescherming zijn verdwenen en vervangen door één Raad voor de Kinderbescherming met een aantal plaatselijke vestigingen. Het Bureau Jeugdzorg heeft per 1 januari 2005 (met de invoering van de Wet op de Jeugdzorg) een wettelijke basis verkregen. Naast de regie over door de kinderrechter uitgesproken ondertoezichtstellingen (OTS) en ontheffingen uit het ouderlijk gezag (voogdij) heeft Bureau Jeugdzorg ook de regie verkregen over het Advies- en Meldpunt Kindermishandeling (AMK) en het Bureau Jeugdreclassering.
Voor het methodisch handelen van werkers in de gezinsvoogdij is het *Handboek Deltamethode Gezinsvoogdij* (Van Montfoort & PI Research, 2008) ontwikkeld en voor werkers in de jeugdreclassering het *Handboek methode Jeugdreclassering* (Vogelvang, 2005). Deze handboeken geven richtlijnen voor het uitvoerend werk die gelden voor alle werkers in het land. Daarnaast zijn op het bredere gebied van de jeugdzorg initiatieven ondernomen om te komen tot een databank van effectieve interventies op het gebied van de jeugdzorg (NJi).
De reclassering richt zich op het terugdringen van recidive en kent ook voor het hele land uniforme werkwijzen.

Deel II Hulpverlening en recht

2.7 Sociaal onvrijwillige cliënten: drang

Sociaal onvrijwillige cliënten komen niet met het maatschappelijk werk in aanraking in het kader van een juridische maatregel of beschikking die hun vrijheid beperkt. Hier wordt de term 'drang' gebruikt, die wijst op een niet-juridische inperking van de keuzevrijheid. Overigens kunnen de cliënten in kwestie zich wel degelijk gedwongen *voelen* hulp te accepteren. Subjectief wordt dan dwang beleefd, maar in dit boek is ervoor gekozen dwang en drang te koppelen aan respectievelijk wettelijk onvrijwillige en sociaal onvrijwillige cliënten.
Wie zijn die sociaal onvrijwillige cliënten? Van wie komt de drang? En wat valt over het juridisch kader daarvan te zeggen? Met de laatste vraag begint dit hoofdstuk. Daarna volgen enkele voorbeelden van samenwerkingsprojecten van hulp- en dienstverleners van diverse snit die bij personen en gezinnen problemen signaleren en daar na een goede voorbereiding outreachend 'op af' gaan. Vervolgens passeren verschillende categorieën sociaal onvrijwillige cliënten de revue.
Deel II van hoofdstuk 2 sluit net zoals deel I af met een resumé.

2.8 Juridische grondslag voor het werken met sociaal onvrijwillige cliënten

De vraag is of drang het zelfbeschikkingsrecht van onvrijwillige cliënten aantast. Het aspect 'toestemming geven' of (eventueel met tegenzin) instemmen is hierbij een belangrijk gegeven. Cliënten die door een partner zijn gestuurd zijn niet vrijwillig, maar door naar de hulpverlener toe te gaan stemmen zij min of meer in met die hulpverlening. Bij voorwaardelijke hulpverlening hebben cliënten soms weinig andere keus dan bijvoorbeeld een aanbod van schuldhulpverlening inclusief de verplichte psychosociale begeleiding te accepteren, maar zij *kunnen* weigeren. Met het accepteren verlenen zij toestemming.
Bij cliënten die op initiatief van hulpverleners worden benaderd, ligt de zaak anders. Als zij 'wilsbekwaam' zijn en geen hulpverlening willen accepteren, kunnen zij hun eventuele afwijzing juridisch onderbouwen. Ook cliënten die door medewerkers van een buurtnetwerk jeugdhulpverlening worden benaderd, kunnen het hulpverleningsaanbod afwijzen. Uiteindelijk kan het gevolg zijn dat een kinderbeschermingsmaatregel wordt uitgesproken. Flatbewoners die door buurtwerkers worden benaderd om deel te nemen aan een groepsbijeenkomst om

onderlinge conflicten uit te werken, kunnen weigeren. Als zij komen opdagen, tonen zij hun instemming met de aanpak.

WEIGERACHTIGE CLIËNTEN

Als beoogde cliënten in eerste instantie 'voor de eer bedanken', wil dat dan zeggen dat hulpverlening onmogelijk is? Niet per se, want de hulpverlener kan proberen door het aanbieden van eenvoudige, concrete hand- en spandiensten de aanvankelijke afweer van de cliënt te verminderen en hem tot acceptatie van een minimale vorm van hulpverlening over te halen. Deze handelwijze is verantwoord indien ernstige zorgen bestaan, gebaseerd op waarnemingen van familie, vrienden, kennissen, buren, omwonenden of hulpverleners, die wijzen in de richting van verwaarlozing, sociaal isolement, vervuiling of verloedering. Het is een handelwijze die gericht is op het verkrijgen van toestemming van de beoogde cliënt in een situatie waarin hulpverleners niet-ingrijpen kan worden verweten. De hulpverlener kan zonder dreigen duidelijk maken dat niet-accepteren van de hulp voor de cliënt wellicht onwenselijke consequenties zal hebben.

GEVAAR VOOR ZICHZELF OF VOOR ANDEREN

Een andere ingang is er bij overlast voor de naaste omgeving, eventueel met hieraan verbonden gevaar voor eigen leven of gevaar voor anderen. Wanneer is er sprake van een dergelijk gevaar? Het antwoord op deze vraag is lang niet altijd duidelijk. Beyaert (1998) is van mening dat de Hoge Raad hierover duidelijke uitspraken heeft gedaan. Hij citeert staatssecretaris Simons die in de discussienota over dwang en drang van de Nationale Raad voor de Volksgezondheid (1992) schrijft: 'Het gevaarscriterium wordt vooruitlopend op de BOPZ (Bijzondere Opnemingen Psychiatrische Ziekenhuizen) al zo'n tien jaar door de rechter toegepast. Dit heeft geleid tot jurisprudentie van de Hoge Raad die tamelijk helder is. Onder "gevaar" valt in de visie van de Hoge Raad ook een gevaarlijke staat van zelfverwaarlozing, gevaar voor het maatschappelijk of sociaal bestaan van de patiënt, gevaar voor de lichamelijke dan wel geestelijke gezondheid van de buren van de patiënt en het chronisch explosieve situaties creëren in de sociale omgeving waardoor verdergaand geweld onafwendbaar lijkt.'

In de BOPZ staat als aanvulling hierop dat een nadere grond voor gedwongen opname aanwezig is indien het gevaar niet door tussenkomst van personen of instellingen buiten een psychiatrisch ziekenhuis kan worden afgewend.

Zoals de richtlijnen van de WGBO voor het geven van toestemming door patiënten doorgetrokken kunnen worden naar het maatschappelijk werk (toestemming vragen of ernaar toe werken), zo kunnen ook de richtlijnen van de Hoge Raad over het gevaarscriterium vertaald worden naar maatschappelijk werk en dienstverlening, hoewel ze in eerste instantie bedoeld zijn voor mensen met psychiatrische klachten. Hierbij aansluitend twee opmerkingen.
In de eerste plaats wonen als gevolg van veranderd beleid in de psychiatrie veel mensen met psychiatrische klachten in de vrije maatschappij en een deel van hen veroorzaakt bij tijd en wijle forse overlast. Als besloten wordt op 'assertieve wijze' (Brinkman, 1998, p. 139) hulp te verlenen, onder meer met de bedoeling de veel ingrijpender stap van gedwongen opname te voorkomen, lijkt voor deze vorm van hulpverlening voldoende juridische basis aanwezig. De eerder genoemde aanvulling uit de BOPZ onderstreept deze zienswijze.
In de tweede plaats: als het juridisch verantwoord is om cliënten met psychiatrische klachten met assertieve hulpverlening te benaderen, mede om gedwongen opnamen te voorkomen, lijkt het ook juridisch verantwoord om cliënten die geen psychiatrische klachten hebben maar wel gelijksoortig gedrag vertonen, te benaderen met assertieve hulpverlening. Het gaat dan om cliënten die leven in een gevaarlijke staat van zelfverwaarlozing, een gevaar vormen voor het maatschappelijk of sociaal bestaan van zichzelf of voor de lichamelijke of geestelijke gezondheid van de buren dan wel chronisch explosieve situaties creëren in de sociale omgeving waardoor verdergaand geweld onafwendbaar lijkt.

2.9 Samenwerkingsprojecten die outreachend hulp aanbieden

Al geruime tijd bestaan er hulpverleningsnetwerken waarin medewerkers van diverse instellingen informatie uitwisselen over signalen die zij – op diverse plaatsen – opvangen over zorgwekkende situaties waarin personen of gezinnen zich bevinden. Het kan daarbij gaan om personen in alle leeftijdsklassen, die lijden onder materiële, relationele en/of psychische problemen. Een groot deel van die netwerken heeft betrekking op probleemsituaties rond kinderen. In de eerder aangehaalde gezinsdrama's bleek dat er vaak veel was misgegaan op het vlak van informatie-uitwisseling, gezamenlijk plannen en uitvoeren van een hulpverleningsaanpak. Mede onder invloed van de grote media-aandacht zijn in de afgelopen jaren verschillende projecten gestart om deze missers met desastreuze gevolgen te voorkomen. Er zijn ook samenwerkingsprojecten gericht op vereenzaamde ouderen, psychiatrische patiënten, dak- en thuislozen, verslaafden of mensen die ver onder de armoedegrens leven. Voor deze diverse groepen zijn de laatste jaren zogenoemde Outreach Teams of Teams Bemoeizorg gestart. Vanwege de grote variëteit worden hier slechts – exemplarisch – enkele samenwerkingsprojecten kort beschreven.

Projecten Samen Starten

Het project Samen Starten is gericht op 0- tot 4-jarigen. Het is voortgekomen uit de Jeugdgezondheidszorg en de Consultatiebureaus. Na proefprojecten in Breda, Arnhem en Maastricht zijn deze projecten landelijk ingevoerd. In de projecten werken consultatiebureaus, jeugdgezondheidszorg, gezinszorg, maatschappelijk werk, kinderopvang en Bureau Jeugdzorg samen. De bedoeling is om in een vroeg stadium tekorten in verzorging en opvoeding te signaleren, de ouders te benaderen en waar mogelijk in samenwerking met hen hierin verandering te brengen.

Buurtnetwerken jeugdhulpverlening

De buurtnetwerken jeugdhulpverlening zijn gestart in de jaren 1980 in Limburg en hebben zich van daaruit verspreid over heel Nederland, waar nu meer dan tweehonderd netwerken actief zijn. Professionals die met kinderen in de leeftijd van nul tot twaalf jaar te maken hebben, komen – meestal eens per maand – samen om problemen te signaleren en na te gaan *wie* het beste *wat* kan doen. De professionals zijn onder meer afkomstig van peuterspeelzalen, GGD, basisscholen, jeugdwerkinstellingen, kruisverenigingen, algemeen maatschappelijk werk en de politie. In een interview met Arend Inklaar (1999) vertellen (algemeen) maatschappelijk werkers dat zij door hun ervaringen met het buurtnetwerk cliënten meer vanzelfsprekend ook in hun ouderrol gaan zien en doortastender zijn geworden als het gaat om het ter sprake brengen van opvoedingsvragen en -tekorten. Jonge kinderen hebben leiding en duidelijkheid nodig en het is de taak van ouders om die te bieden. Waar nodig worden ouders daarop aangesproken, maar dat 'aanspreken' is altijd ingebed in steun. Het is zeker niet zo dat uitgegaan wordt van onwil van de ouders; niet zelden spelen andere beperkingen mee. De volgende praktijkschets (uit de annalen van het buurtnetwerk) illustreert dat.

> Een jong paar, met een laag ontwikkelingsniveau, heeft een zoontje van tien maanden. De wijkverpleegkundige signaleert een ernstige lichamelijke ontwikkelingsachterstand bij het kind. Een

kinderfysiotherapeut wordt ingeschakeld en deze leert de ouders eenvoudige oefeningen met de baby te doen om de spierontwikkeling te bevorderen. Als er na een week of zes geen verbetering optreedt en aan moeder gevraagd wordt hoe het met de oefeningen gaat, zegt zij: 'Oh, die doe ik niet meer. Daar heeft hij geen zin in.'

Het buurtnetwerk werkt op vrijwillige basis, maar neemt op basis van intern overleg initiatieven om contact te maken met ouders en de gerezen zorgen te bespreken. Outreachend werk dus, en een lichte maar desnoods wat sterker aangezette vorm van bemoeizorg. Hierbij kan de vraag gesteld worden of dit juridisch verantwoord is. Ongevraagd wordt commentaar gegeven dat in de opvoedingsverantwoordelijkheid van de ouders treedt, bepaald een gevoelig punt. Komt hun ouderlijk gezag hiermee in de verdrukking? In ieder geval is de bemoeizorg gebaseerd op zorg voor de ontwikkeling van het kind. Juridische legitimatie voor dit optreden is mogelijk te vinden in de gedachtegang dat afzien van ingrijpen *nu* tot gevolg kan hebben dat *straks* een veel ingrijpender maatregel (bijvoorbeeld ondertoezichtstelling) nodig is. Noem het preventief werken of een vorm van zo-zo-zo-bemoeienis (zo licht, zo dichtbij en zo kort mogelijk).

Gezinscoachprojecten

Gezinscoaching is eind jaren 1990 geïntroduceerd door het Leger des Heils als een werkvorm voor de aanpak van (multi)probleemgezinnen. Met invoering van de Wet op de Jeugdzorg (2005) heeft de gezinscoach een wettelijke status gekregen, zij het geen mandaat. Opmerkelijk is dat in de projecten die sindsdien gestart zijn, de gezinscoaches zich niet uitsluitend richten op jeugdzorg maar op een veelvoud van problemen waarvan opvoedingsproblematiek veelal een onderdeel vormt. Met ingang van 1 januari 2007 vallen gezinscoaches onder de Wet Maatschappelijke Ondersteuning (WMO) die de gemeenten verplicht hun burgers de mogelijkheid te bieden om te participeren in de samenleving. Hiervoor zijn negen prestatievelden ontwikkeld waarvan veld 2 (preventieve ondersteuning jeugd), de velden 5 en 6 (individuele voorzieningen voor mensen met een beperking, een chronisch psychisch probleem of psychosociaal probleem) en de velden 7, 8 en 9 (waar de aanpak van huiselijk geweld onder valt) voor de gezinscoaches van toepassing zijn.

Gezinscoaches worden genoemd onder samenwerkingsprojecten omdat gezinscoaches per definitie met andere dienst- en hulpverleners samenwerken, doorgaans onder het motto: één gezin - één plan. Nieuwe *wrap around*-vormen van gezinscoaching worden zo gevisualiseerd dat gezin en gezinscoach in het midden van een cirkel staan, waaromheen andere hulp- en dienstverleners als het ware een schil of *wrap* vormen. Er is een gezamenlijke gerichtheid, als correctie op het gebrek aan samenwerking en het langs elkaar heen werken bij gezinsdrama's zoals in Roermond. Gezinscoaching wordt vaak volhardend en met aandrang aangeboden, om de vicieuze cirkel van intergenerationele overdracht te doorbreken. Gezinnen waarover zeer grote zorgen bestaan en die gezinscoaching afwijzen, verhuizen vaak van het sociaal onvrijwillige naar het juridisch onvrijwillige circuit.

Veiligheidshuizen

Het eerste veiligheidshuis in Nederland opende in 2002 in Tilburg zijn deuren en is gericht op vergroting van de veiligheid en leefbaarheid in die gemeente. Daartoe zijn de krachten van 21 organisaties gebundeld. Zij streven naar een gezamenlijke aanpak van straf en zorg met als motto: één gezin – één plan. Het veiligheidshuis richt zich op de doelgroepen: jeugd, veelplegers, slachtoffers en plegers van huiselijk geweld en zeker ook op personen met een meervoudige en complexe problematiek, waarvoor het *zorghuis* (als annex van het veiligheidshuis) in het leven geroepen is. Het bijzondere van het veiligheidshuis is dat hulp- en dienstverleners van verschillende signatuur onder hetzelfde dak werkzaam zijn. De doelstellingen zijn: huiselijk geweld terugdringen, voor mensen met meervoudige complexe problematiek een gezamenlijke aanpak ontwerpen, eerste delicten door jongeren voorkomen, recidive voorkomen, slachtofferhulp verlenen, passende nazorg geven en een betrouwbaar informatieknooppunt bieden. Vanuit het veiligheidshuis worden veel outreachende initiatieven genomen, steeds na vooroverleg in multidisciplinaire kring. Sinds december 2009 is er een dekkend net van 45 veiligheidshuizen over heel Nederland.

2.10 Verschillende categorieën sociaal onvrijwillige cliënten

Sociaal onvrijwillige cliënten zijn er in soorten en maten. De mate van onvrijwilligheid verschilt en soms is de grens met juridisch onvrijwillige hulpverlening dun. De verschillende categorieën kunnen elkaar ook overlappen.

Cliënten die door anderen 'gestuurd' zijn

Het gaat hier om cliënten die min of meer onder druk gezet zijn door mensen die in een persoonlijke of functionele relatie tot hen staan en over die relatie of een aspect van hun gedrag ontevreden zijn. De levenspartner kan vinden dat iemand te veel drinkt, maar ook de werkgever kan daar wat aan willen doen. Het belang dat de relatie met partner of werkgever voor de betrokken cliënt vertegenwoordigt, is de hefboom voor het nemen van de stap naar de hulpverlening. De cliënt neemt dus zelf de stap naar de hulpverlener, maar niet per se uit overtuiging. Cliënten voelen zich misschien gemanipuleerd maar juridisch gezien is er geen sprake van schending van rechtsregels. De betrokkenen hebben immers een keuze. Melden ze zich niet voor hulp, dan kan het gevolg zijn dat een relatie wordt verbroken, een echtscheidingsprocedure in gang wordt gezet, ontslag of demotie (het tegenovergestelde van promotie) volgt.

Marco en Henriëtte wonen vier jaar samen. Na een eerste vrijwel probleemloos jaar komen de eerste barstjes in de relatie. Het is vooral Henriëtte die zich gaat ergeren aan de vele contacten van Marco met zijn ouderlijk huis: 'Het lijkt wel alsof je moeder je vriendin is!' Omdat er niets verandert krijgen zij hierover regelmatig ruzie met het gevolg dat de verhouding tussen hen verslechtert. Henriëtte wil zo niet verder. Zij neemt contact op met een maatschappelijk werker die vindt dat het de voorkeur verdient om Marco bij de gesprekken te betrekken. Het is niet ondenkbaar dat als alleen met Henriëtte wordt gewerkt, de kloof tussen haar en Marco groter wordt in plaats van kleiner. Omdat er Henriëtte veel aan gelegen is de relatie te herstellen, probeert zij Marco erbij te halen. Hoewel hij er in het begin niets voor voelt, maakt Henriëtte hem duidelijk dat zij een punt achter de relatie zet als hij weigert om zich ervoor in te zetten.

Cliënten die op voorwaarden hulpverlening 'moeten' accepteren

Bij deze cliënten gaat het om met kracht gestelde eisen van instanties uit hun wijdere sociale netwerk. De woningbouwvereniging dreigt met uitzetting omdat de huurschuld te ver is opgelopen of omdat buurtbewoners voortdurend klagen over overlast, of de Sociale Dienst stelt voorwaarden voor het behoud van een bijstandsuitkering. Wanneer de cliënt hulp van het maatschappelijk werk accepteert en in dat kader werkt aan mede door de instantie bepaalde doelen, worden voor de cliënt ongunstige maatregelen opgeschort. Voldoet de cliënt niet aan die voorwaarde, dan volgt alsnog executie van deze maatregelen: uitzetting of korting op de uitkering.

Voorwaarden van derden

Het kader van voorwaardelijke hulpverlening wordt geschapen door de voorwaarden van anderen. Cliënten hebben de mogelijkheid om die voorwaarden af te wijzen, maar de vraag is hoeveel ruimte ze daarvoor hebben als het om basisbehoeften gaat (dak boven het hoofd, gas en licht, geld in de portemonnee).
Schuldhulpverlening komt zo vaak voor dat initiatieven zijn genomen om de aanpak zo veel mogelijk op elkaar af te stemmen. Op dit gebied wordt samengewerkt door gemeentelijke sociale diensten, gemeentelijke kredietbanken en het algemeen maatschappelijk werk. Het Landelijk Platform Integrale Schuldhulpverlening (1999) publiceerde het werkboek *Werken aan schulden*. Als tot een schuldsanering wordt besloten, wordt met cliënten een contract van maximaal drie jaar aangegaan. Belangrijke voorwaarden zijn dat cliënten de vastgestelde aflossingsbedragen op tijd voldoen, dat zij geen nieuwe schulden maken en dat zij begeleiding (waarbij onder andere een budgetteringscursus hoort) van het maatschappelijk werk accepteren.

Voorwaarden wettelijk verantwoord?

De vraag is of de voorwaarden die aan cliënten gesteld worden wettelijk verantwoord zijn. Een schuldsanering mag bijvoorbeeld volgens de gedragscode van de Nederlandse Vereniging voor Volkskrediet niet langer duren dan 36 maanden en mensen moeten een maatschappelijk aanvaardbaar inkomen overhouden. Maatschappelijk werkers die in het kader van voorwaardelijke hulpverlening werken, dienen de (voor)gestelde voorwaarden te toetsen (of te laten toetsen) aan wetgeving. Voldoen de voorwaarden hier niet aan, dan is bijstelling nodig. Op het gebied van schuldhulpverlening, dikwijls 'onder voorwaarden' aangeboden, is sinds 1998 de Wet Schuldsanering Natuurlijke Personen (WSNP) van kracht, waarmee de mogelijkheid is geopend voor particulieren om zich failliet te laten verklaren. In 2010 treedt de wet Gemeentelijke Schuldhulpverlening in werking. Deze wil onder meer uitvoeringsverschillen tussen gemeenten reduceren en (maar dat is niet nieuw) in de begeleiding uitdrukkelijk aandacht schenken aan psychosociale achtergronden van de schulden.

Cliënten die hun kinderen geen goede opvoedingssituatie (kunnen) bieden

Het gaat hier om gezinnen waarover signalen komen dat er iets mis is, bijvoorbeeld vanuit de school, de kinderopvang of een Samen Starten-project. In eerste instantie worden pogingen ondernomen om op vrijwillige basis de opvoedingssituatie te verbeteren. Schoolmaatschappelijk werkers, medewerkers van het consultatiebureau of gezinscoaches kloppen bij de ouders aan en bieden met meer of minder aandrang hulp aan. Hebben deze pogingen geen of weinig succes, dan kan het vervolg zijn dat bij Bureau Jeugdzorg een melding wordt gedaan waaruit te zijner tijd een kinderbeschermingsmaatregel kan voortvloeien. De grens tussen sociaal en wettelijk onvrijwillig is daarmee overschreden.

Cliënten die overlast bezorgen of een gevaar voor anderen zijn

Vaak is het bij deze cliënten de directe woonomgeving die klachten heeft of alarm slaat. Het kan gaan om mensen met psychiatrische klachten die door hun gedrag de buren tot wanhoop brengen, om drugs- en/of alcoholverslaafden die hun omgeving terroriseren, om mensen die door excessief hamstergedrag van hun huis een afvalopslagplaats of een soort dierenasiel hebben gemaakt. Op basis van het gevaarscriterium is het juridisch verantwoord deze mensen op hun gedrag aan te spreken. Indien dit geen effect sorteert, kan gekozen worden voor de strategie 'tijdelijk partij kiezen tegen cliënt' (Brinkman, 1998, p. 132) waarbij de omgeving wordt gemobiliseerd en zo veel mogelijk instanties worden ingeschakeld om de betrokkenen aan te zetten met hun omgeving rekening te gaan houden. Als met deze aanpak voorkomen kan worden dat tot een bevel tot uitzetting of tot aanvraag van een VM wordt overgegaan, lijkt de strategie juridisch verdedigbaar, hoewel niet ontkend kan worden dat van vragen om toestemming geen sprake meer is.

Cliënten die verloederen of een gevaar voor zichzelf zijn

Het is deze categorie cliënten die Kuypers en Van der Lans (1994) op het oog hebben in hun pamflet *Naar een modern paternalisme* en het zijn de psychiatrische patiënten waarover Henselmans (1993) schrijft in *Bemoeizorg*. Het betreft mensen die in een sociaal isolement terechtkomen zonder zelf nog te pogen daar verandering in te brengen. Soms *kunnen* ze dat niet, soms *willen* ze dat niet. Mensen die in de ogen van kennissen, familieleden of de omgeving (dreigen te) verloederen, maar die zelf voor een leefwijze aan de rand van de samenleving kiezen, kunnen zich beroepen op hun zelfbeschikkingsrecht. Tenzij zij anderen aantoonbare overlast bezorgen of hun leefwijze voor anderen gevaar meebrengt. Soms gaan verloederen en overlast bezorgen in elkaar over.

Nadat mensen uit de directe omgeving van Jan Wols zich vele malen beklaagden bij het lokale zorgnetwerk over de herrie die Jan regelmatig schopt en de stank die uit zijn flat komt, wordt met hulp van de wijkagent toegang tot zijn woning verkregen. In de woning is het een onbeschrijfelijke chaos: wie binnentreedt wordt geconfronteerd met bergen afval, menselijke ontlasting, ongedierte en een alles doordringende stank. De woning wordt door de gemeentelijke reinigingsdienst leeggehaald en ontsmet en Jan krijgt tijdelijk een bed in de crisisopvang. Jaren later vertelt Jan, inmiddels 'droogstaand alcoholist', dat deze gebeurtenis voor hem de hefboom was om verandering in zijn leven te brengen.

Soms kiezen mensen voor een totaal geïsoleerde wijze van leven en als zij daarbij anderen geen overlast bezorgen, valt er verder weinig te doen, zoals blijkt uit de volgende, aan een krantenbericht ontleende casus.

De krantenkop 'Zwijgzaam stel uit Geldrop' slaat op een zonderlinge broer en zus die al jarenlang op dezelfde plek wonen, aanvankelijk in een woonboerderij, daarna in een schuur, vervolgens in een kippenhok en sinds kort in een provisorisch bouwsel tussen het onkruid. Er is geen toilet en geen aansluiting op gas, licht en water. Het tweetal wisselt al jaren geen woord meer met de buitenwacht, officiële brieven blijven onbeantwoord. Twee broers zijn aangesteld als bewindvoerder en voor de rest kan er niets gedaan worden. 'Het is hun vrije keus om zo te leven', aldus de burgemeester. (Bron: dagblad *De Stem*, 1998)

Het gaat in deze zaken vrijwel altijd om een afweging tussen het zelfbeschikkingsrecht en het recht op een menswaardig bestaan. Het maakt hierbij een groot verschil door wiens bril naar de woon- en leefomstandigheden wordt gekeken en vanuit welke visie een afweging wordt gemaakt. De krantenkop 'Niet betuttelen, niet laten verzuipen' verwoordt in kort bestek het dilemma. Maar of nu wel of niet tot ingrijpen besloten wordt: altijd dienen hulpverleners over hun besluit verantwoording af te leggen.

Cliënten die in de wijk met elkaar botsen

In sommige wijken in de grote steden zijn initiatieven ontwikkeld om buurtbewoners die door verschillende leef- , woon- en opvoedingsstijlen elkaar danig kunnen irriteren, bij elkaar te roepen om de conflicten met elkaar uit te spreken en samen te zoeken naar oplossingen. Door naar de bijeenkomst te komen geven deze mensen aan dat zij met de aanpak instemmen.

In een flat in een naoorlogse arbeiderswijk wonen twaalf gezinnen, waarvan negen gezinnen van vijf verschillende nationaliteiten en drie van oorsprong Nederlands. De Nederlandse gezinnen behoren tot de oorspronkelijke bewoners van de wijk; de kinderen zijn het huis uit en ze hebben oude bekenden gaandeweg naar andere buurten zien vertrekken. Zij missen de contacten en de gezelligheid van de oude buurt. De andere gezinnen komen uit Marokko, Turkije, Afghanistan, Ghana en Nigeria. Het gemiddeld aantal kinderen is vijf, wat voor deze kleine flats te veel is, de mensen zitten echt opeengepakt. De kinderen spelen tot 's avonds laat op straat, plassen soms in het trappenhuisportiek en maken veel herrie. Het onderhoud van de gezamenlijke ruimte laat te wensen over. De Nederlandse bewoners ergeren zich groen en geel aan de in hun ogen verkeerde opvoedingsgewoonten en aan het slechte gezamenlijk onderhoud. De spanningen lopen hoog op en dreigen uit te monden in vechtpartijen. De buurtwerker die door de wijkagent op de hoogte is gebracht, gaat alle gezinnen persoonlijk af en nodigt hen met nadruk uit voor een gezamenlijke bijeenkomst in het buurthuis. (Bron: Jagt, 1998)

Cliënten die te maken krijgen met ingebouwd maatschappelijk werk

Van ingebouwd maatschappelijk werk wordt gesproken wanneer het deel uitmaakt van een organisatie die een ander doel heeft dan maatschappelijk werk. Ingebouwd maatschappelijk werk verleent hulp of diensten aan patiënten van een ziekenhuis of verpleeginrichting, aan scholieren of studenten van een onderwijsinstelling of aan medewerkers van een bedrijf. Hulp- en dienstverlening zijn niet de primaire doelstelling van de instelling, maar wel een middel om de primaire doelstelling (beter) te bereiken. Ingebouwd maatschappelijk werk heeft zowel te maken met belangen van de instelling – die werkgever/opdrachtgever is – als met die van de cliënt.

Mevrouw Bis is zeventig jaar en ongehuwd. Sinds zij drie maanden geleden een herseninfarct kreeg, verblijft zij in een verpleeghuis. Zij is halfzijdig verlamd. Het doel van de opname is dat zij revalideert en weer zo veel mogelijk zelfstandig kan wonen. Mevrouw Bis wil graag terug naar haar eigen woning, maar dat is gezien haar beperkingen onhaalbaar. Het maatschappelijk werk zoekt contact met mevrouw Bis om haar te helpen deze harde waarheid onder ogen te zien en samen met haar (en de familie) na te gaan wat alternatieven zijn.

Henriëtte werkt op het hoofdkantoor van een internationaal opererende onderneming. Door de problemen thuis is zij dikwijls niet geconcentreerd, wat tot gevolg heeft dat een aantal buitenlandse relaties klachten heeft over de onzorgvuldige afwerking van orders. Het hoofd van haar afdeling spreekt Henriëtte hierop aan, maar dat brengt geen verandering. Daarna schakelt hij de bedrijfsmaatschappelijk werker in die haar uitnodigt voor een gesprek. Voor Henriëtte is het een opluchting dat zij openhartig over de thuissituatie kan praten. Voor het eerst denkt zij hardop over mogelijkheden om de problemen thuis zo te benaderen dat ze niet ook haar werkend leven ondermijnen.

De tienjarige Jeroen is op school ongeconcentreerd, komt vaak te laat, blijft thuis zonder ziekmelding en ziet er moe en lusteloos uit. De moeder van Jeroen is verslaafd geweest en valt regelmatig terug. In die perioden moet Jeroen voor zijn moeder zorgen in plaats van andersom. De schoolmaatschappelijk werker neemt contact op met moeder om met haar te onderzoeken welke mogelijkheden zij nog voor de jongen heeft en op welke gebieden aanvullende ondersteuning nodig is (Bron: Scalongne, 1999).

2.11 Resumé

Het fenomeen 'sociaal onvrijwillige cliënt' is bepaald geen zeldzaamheid in het maatschappelijk werk. Zoals de titel van deel II, Hulpverlening en recht, aangeeft, staat bij deze cliënten de hulpverlening op de eerste plaats. Dat wil niet zeggen dat de juridische basis voor het hulpverlenend handelen veronachtzaamd mag worden. Vooral nu de laatste jaren in de praktijk met minder schroom naar potentiële cliënten wordt toegegaan, neemt de noodzaak toe om dit handelen te legitimeren. Bij wettelijk onvrijwillige cliënten zijn de ingrepen veelal verdergaand, maar tegelijkertijd is op die ingrepen door de wet ook het toezicht geregeld en hebben cliënten mogelijkheden om bij de rechter beroep aan te tekenen. Zorgvuldig hulp verlenen betekent óók handelen op basis van juridische richtlijnen en als daarvan afgeweken wordt, er verantwoording over afleggen.

Na lezing van dit hoofdstuk kan de lezer:

- **uitleggen wat de overeenkomsten en de verschillen zijn tussen de begrippen 'dwang' en 'drang' in de hulpverlening;**
- **een eigen visie geven op de relatie tussen door de rechter beperkt zelfbeschikkingsrecht en hieraan gekoppelde hulpverlening;**
- **duidelijk maken welke vormen van jeugdhulpverlening vallen onder de noemer gedwongen hulpverlening;**
- **een eigen, met argumenten onderbouwde visie geven voor of tegen de stelling 'De staat moet zich niet met de opvoeding van kinderen bemoeien';**
- **een overzicht geven van activiteiten die door de reclassering worden ontplooid;**
- **argumenten geven op grond waarvan het juridisch verantwoord is contact op te nemen met cliënten die daar niet om gevraagd hebben.**

3 Onvrijwillige cliënten en de beroepscode

3.1 Inleiding

Maatschappelijk werk is in Nederland een van de beroepen die beschikken over een min of meer uitgewerkte beroepsethiek en een beroepscode. Beroepsethiek heeft verbindingen met de sociale ethiek in Nederland (3.2). Een van de kenmerken van een onvrijwillige cliënt is dat deze niet uit zichzelf het initiatief neemt om contact te leggen met een hulpverlener. Handelt een maatschappelijk werker beroepsethisch verantwoord als hij op de cliënt afstapt? Of is het onder bepaalde omstandigheden beroepsethisch juist onverantwoord als hij dit nalaat (3.3)? Een belangrijke pijler van de code is het artikel dat stelt dat de maatschappelijk werker de verantwoordelijkheid voor de eigen keuze van handelen van cliënten erkent. Welke ruimte laat de code om in die verantwoordelijkheden te treden (3.4)? In relatie tot wettelijk onvrijwillige cliënten kunnen in het kader van de jeugdbescherming en de reclassering ingrijpende maatregelen worden genomen. In hoeverre zijn deze maatregelen in strijd met de beroepscode (3.5)? Voor welke beroepsethische vragen maatschappelijk werkers komen te staan, wordt geïllustreerd in verschillende praktijkschetsen (3.6). Vervolgens wordt de relatie tussen hulpverlening en macht geproblematiseerd. De code gaat uit van een op deskundigheid en/of positie gebaseerd overwicht in de professionele relatie met de cliënt en waarschuwt tegen misbruik ervan (3.7). Ten slotte komt aan de orde hoe onvrijwillige hulpverlening en de in het maatschappelijk werk hooggewaardeerde vertrouwensrelatie zich tot elkaar verhouden (3.8).

3.2 Beroepsethiek en sociale ethiek

In Nederland beschikt een beperkt aantal beroepen over een min of meer uitgewerkte beroepsethiek en een beroepscode. Het is ook mogelijk te zeggen dat het om professies gaat; een van de kenmerken van een professie is immers dat zij een eigen waardebasis heeft, meestal

geformaliseerd in een code (zie ook het Beroepsprofiel van de NVMW: Jagt, 2006, p. 28 e.v.). Het gaat dan om artsen, advocaten, journalisten, notarissen, psychologen, psychotherapeuten en verpleegkundigen. Ook maatschappelijk werkers hebben een beroepscode, en wel sinds 1962, in het kader van de beroepsvereniging, de Nederlandse Vereniging van Maatschappelijk werkers (NVMW). Ook de beroepsorganisatie Phorza en de Landelijke Vereniging voor Supervisie en Coaching kennen een code voor respectievelijk sociaal(ortho)pedagogische werkers en supervisoren. De code voor maatschappelijk werkers is inmiddels tweemaal geactualiseerd, eenmaal in 1990 en een tweede keer in 2010.[1] Actualisering van de code is niet zozeer nodig omdat de waarden van het beroep veranderd zijn; die zijn behoorlijk bestand tegen de tand des tijds. Wel verandert de maatschappij en daarmee de beroepspraktijk, zodat als het ware nieuwe verbindingen moeten worden gelegd vanuit de klassieke waarden.
Beroepsethiek is in de eerste plaats dat onderdeel van de ethiek waarin op systematische wijze de morele problemen rondom beroepen in het algemeen of één beroep in het bijzonder worden bestudeerd. Welke waarden vormen de kern van het beroep en hoe verhouden ze zich tot elkaar? In de tweede plaats heeft het begrip ook een meer pragmatische inhoud. Dan wordt er een samenhangend geheel van gedragsregels onder verstaan, dat dient als uitgangspunt en toetsingskader voor het doen en laten van de leden van een beroepsgroep.
Het gaat dus om een geheel van morele voorschriften en aanbevelingen waaraan degenen die het beroep uitoefenen zich dienen te houden. Men spreekt dan ook van een morele code (Janssen, 2007). Voor maatschappelijk werkers betekent dit dat zij doordrongen moeten zijn van het belang van normatieve professionaliteit. Met alleen technisch-instrumentele professionaliteit en persoonlijke professionaliteit komen zij niet uit. In de professionele beoefening van het maatschappelijk werk worden de genoemde drie dimensies van professionaliteit steeds op elkaar betrokken (Jagt, 2006, p. 29 e.v.). De ethische of normatieve dimensie is juist in het werken met onvrijwillige cliënten in het geding, omdat daar het wel of niet beperken van de waarde 'zelfbeschikkingsrecht' een invloedrijke rol speelt.
Beroepscodes in de hulpverlenende sector doen meestal uitspraken over de relatie tot de cliënt, de relatie tot collega's en de relatie tot de

1 In dit hoofdstuk wordt verwezen naar de formulering van de artikelen uit de code van 1990, die als het gaat om de waarden van het beroep niet wezenlijk afwijken van de geactualiseerde code van 2010 (die bij het schrijven van dit boek nog niet was vastgesteld).

instelling of de specifieke organisatie waarbinnen de professional werkt. Hoofdlijnen in de code voor de maatschappelijk werker zijn het bevorderen van het tot zijn recht komen van de cliënt in wisselwerking met zijn omgeving, de noodzaak van toestemming van de cliënt voor de hulpverlening (en uitzonderingen daarop), en het erkennen van de verantwoordelijkheid van de cliënt voor zijn keuze van handelen.

SOCIALE ETHIEK

In een citaat van Tilborghs (1998) komt het begrip 'sociale ethiek' aan de orde: 'En wat de ethiek betreft: wees betrokken met de cliënt, maar houd in de gaten dat er naast een persoonlijke ethiek ook sociale ethiek bestaat. Bezie morele dilemma's ook – en vooral – vanuit dit perspectief.' Het begrip sociale ethiek kan het best ingevuld worden met verwijzing naar een omschrijving van de in Nederland geldende morele opvattingen zoals die zijn verwoord in het autonomiebeginsel, het neutraliteitsbeginsel en het schadeprincipe (Struijs, 1998). Met deze begrippen, die in samenhang met elkaar moeten worden bezien, wordt bedoeld dat in Nederland individuen en groepen de grootst mogelijke vrijheid krijgen om hun leven op eigen wijze in te richten en dat de overheid daar in principe zo weinig mogelijk bemoeienis mee heeft. Tevens wordt bedoeld dat de vrijheid van de een niet ten koste mag gaan van de (gelijke) vrijheid van de ander. Indien dat wel het geval is of dreigt te worden, zijn er redenen om van bovenaf in te grijpen. Vrijheid, al gaat het om de grootst mogelijke vrijheid, is altijd begrensd. Op allerlei gebieden dienen mensen met anderen rekening te houden. Lijden andere mensen schade omdat iemand letterlijk en figuurlijk te veel ruimte inneemt, dan wordt die persoon daarop aangesproken.
Een belangrijk gegeven in onze rechtsstaat is dat elke burger recht heeft op zorg (Van der Laan, 1997) en dat kan in combinatie met het recht op autonomie en zelfbeschikking tot paradoxale situaties leiden. Mensen kunnen soms ineens in een situatie raken die ze van zorg afhankelijk maakt. Om afhankelijkheid tot het uiterste te beperken dient men ervan uit te gaan dat cliënten, ook als ze zorg ontvangen, te allen tijde burger blijven en moeten kunnen (mee)beslissen over zorgdoelen en -middelen.

BEROEPSETHIEK IN LIJN MET SOCIALE ETHIEK

Door beroepsethiek steeds te zien in relatie tot sociale ethiek wordt voorkomen dat het maatschappelijk werk zich afwendt van de maatschappelijke werkelijkheid, en individu en maatschappij tegenover elkaar zet.

Het tot zijn recht komen van de cliënt kan niet bestaan buiten de maatschappelijke verhoudingen om. De cliënt moet zich emanciperen of rehabiliteren in de bestaande maatschappij. Dat betekent ook dat het maar de vraag is of straf en hulp elkaar uitsluiten. In een hulpverleningsoptiek kan het strafkader ook (methodisch) gebruikt worden om de cliënt te confronteren met zijn eigen gedrag en met de maatschappelijke realiteit (Van der Laan, 1994).
Beroepscode en sociale ethiek vormen in principe geen tegenstelling. Bij het beantwoorden van de vraag of een maatschappelijk werker in een bepaalde situatie beroepsethisch verantwoord heeft gehandeld, dienen de richtlijnen van beroepscode en sociale ethiek in elkaars verlengde te worden gezien.

3.3 Initiatief bij cliënt of bij werker

Een van de kenmerken van onvrijwillige cliënten is dat zij niet uit zichzelf het initiatief nemen om contact op te nemen met een maatschappelijk werker. Voor het beantwoorden van de vraag of het ethisch verantwoord is dat de maatschappelijk werker het initiatief neemt om naar cliënten toe te stappen en in het verlengde daarvan in hun verantwoordelijkheden te treden, zijn de artikelen 1 en 11 van de code van belang.
Artikel 1 luidt:

> ***'De maatschappelijk werker bevordert primair het optimaal tot zijn recht komen van de persoon in wisselwerking met zijn omgeving.'***

De toelichting zegt dat dit een verplichting van de maatschappelijk werker is die zijn grondslag vindt in de centrale waarde van het beroep. In deze tekst worden cliënt en omgeving onverbrekelijk met elkaar verbonden. Een conclusie kan zijn dat personen die in afnemende wisselwerking met hun omgeving geïsoleerd raken, vereenzamen of verloederen, tot de primaire doelgroep van maatschappelijk werkers behoren. Hetzelfde kan gezegd worden van personen die hun omgeving veel overlast bezorgen, met het gevolg dat die omgeving zich tegen hen keert. Van het optimaal tot hun recht komen van deze mensen in wisselwerking met hun omgeving is dan geen sprake meer en ook zij kunnen tot de doelgroep worden gerekend.
Deze gedachtegang wordt ondersteund door een commentaar dat Jens (1972) geeft op artikel 1 uit de eerste versie van de code die in 1962 verscheen. Jens zegt dat in die omschrijving ligt besloten dat het aan-

knopingspunt voor de dienstverlening ligt in uitgangssituaties die onbevredigend zijn, beoordeeld naar de vraag of personen daarin tot hun recht komen. Het maakt daarbij geen principieel verschil of de betrokken persoon zelf de hulp van de maatschappelijk werker inroept of dat deze zijn hulp aanbiedt omdat andere personen of instanties signalen hebben opgevangen die kunnen wijzen op een onbevredigend sociaal functioneren (Jens, 1972, p. 36). Met andere woorden: wanneer maatschappelijk werkers zelf actief hulp aanbieden, kan dat verantwoord worden met verwijzing naar de centrale waarde of doelstelling van het maatschappelijk werk.
In een artikel over zorgethiek stellen Widdershoven en Abma (2008) dat het niet getuigt van autonomie als iemand zich laat meeslepen in het criminele circuit. Deze 'keuze' is tien tegen één geen uitdrukking van wat de persoon werkelijk van belang vindt in zijn leven – tenzij hij er weloverwogen voor kiest om het verkeerde pad op te gaan. Mensen die kwetsbaar zijn, door bijvoorbeeld cognitieve beperkingen, vrijelijk zélf laten kiezen of ze zich wel of niet lenen voor criminele activiteiten is geen teken van respect voor autonomie. Het is eerder een teken van verwaarlozing. Als voorbeeld noemen Widdershoven en Abma cliënten van MEE, mensen met een verstandelijke beperking, die zich laten overhalen om een wietplantage in hun huis te beginnen. Consulenten van MEE hebben tot taak cliënten die moeten leven met een beperking te ondersteunen. Wanneer zij kennis krijgen van de 'criminele' keuze van hun cliënt en met deze informatie weinig of niets doen, achten Widdershoven en Abma dit laakbaar. Zij vinden dat hulpverleners in zo'n situatie met cliënten moeten onderhandelen om te bevorderen dat zij op verantwoorde wijze met risico's omgaan en daarmee hun autonomie vergroten.

PLICHT TOT HULP VERLENEN

Maatschappelijk werkers hebben een plicht tot hulp verlenen, vindt Bartels (1984) en daarbij is het activeren van cliënten om zelf hun problemen aan te pakken een prima oplossing, maar in knelsituaties kan deze plicht ook volbracht worden door zelf in te grijpen. Niet ingrijpen kan dan verwijtbaar zijn, zoals ook de code impliceert. Ingrijpen is echter gebonden aan bepaalde voorwaarden. Artikel 11 van de code gaat in op die voorwaarden:

> ***'Handelen buiten medeweten en toestemming van de cliënt is slechts gerechtvaardigd voor zover deze niet in staat is zijn wil te bepalen of indien levensbelangen van anderen ernstig worden bedreigd. Bij de beslissing hieromtrent is overleg met beroepsge-***

noten en/of andere deskundigen noodzakelijk. De maatschappelijk werker verantwoordt dit handelen zo veel mogelijk tegenover de cliënt. Het overnemen van de verantwoordelijkheid van de cliënt is slechts aan de orde wanneer het gaat om zaken die geen uitstel kunnen velen.'

Handelen buiten medeweten en zonder toestemming van de cliënt is dus *wel* gerechtvaardigd wanneer aan de genoemde voorwaarden is voldaan. Een maatschappelijk werker kan echter niet in zijn eentje uitmaken of iemand wel of niet in staat is zijn wil te bepalen en of levensbelangen van anderen ernstig worden bedreigd, tenzij het gaat om zaken die geen uitstel kunnen velen. Er worden duidelijke voorwaarden gesteld voor het overnemen van verantwoordelijkheden, maar juist als het gaat om zeer dringende zaken is voor overleg vooraf soms geen tijd en dient achteraf verantwoording afgelegd te worden.
'Buiten medeweten' en 'zonder toestemming' kunnen overigens niet zonder meer op één lijn gesteld worden. Als het nodig is om zonder toestemming van de cliënt in te grijpen, dan blijft de voorwaarde van kracht om met medeweten van de cliënt tot handelen over te gaan.

De formulering van artikel 11: 'indien levensbelangen van anderen ernstig worden bedreigd' is begrensder dan de uitleg die de Hoge Raad aan het begrip 'gevaar' geeft. Zoals in paragraaf 2.8 is gezegd, verstaat de Hoge Raad onder 'gevaar' een gevaarlijke staat van zelfverwaarlozing, gevaar voor het maatschappelijk of sociaal bestaan van de patiënt, gevaar voor de lichamelijke dan wel geestelijke gezondheid van buren en het chronisch explosieve situaties creëren in de sociale omgeving waardoor verdergaand geweld onafwendbaar lijkt.
De uitspraken van de Hoge Raad zijn juridische uitspraken die als grondslag kunnen dienen voor een rechterlijke beslissing over al dan niet gedwongen opname van psychiatrische patiënten. Maatschappelijk werkers nemen dit soort ingrijpende beslissingen niet, maar zij kunnen de uitspraken van de Hoge Raad wel beschouwen als aanvulling op de code als het gaat om de beslissing al dan niet zelf het initiatief te nemen om een cliënt te benaderen en/of in zijn verantwoordelijkheden te treden.

CONCLUSIE

De conclusie moet zijn dat de doelstelling van het maatschappelijk werk ruimte laat voor een actief hulpaanbod van maatschappelijk werkers; in knelsituaties heeft de maatschappelijk werker uit hoofde van zijn functie zelfs de plicht om in te grijpen.

Volgens Van der Laan (1991) is er vaak meer beduchtheid voor ten onrechte ingrijpen dan voor ten onrechte niet ingrijpen, terwijl het ene niet minder verwijtbaar is dan het andere. Brinkman (1998) geeft een voorbeeld van een situatie waarbij het gaat om wat hij noemt 'assertieve hulpverlening' aan cliënten met een psychiatrische diagnose die zelfstandig in de wijk wonen. Zij houden zich voor elk hulpaanbod onbereikbaar, terwijl er veel signalen zijn die wijzen op gevaar voor zichzelf en de omgeving. Om te voorkomen dat wordt overgegaan tot het starten van een procedure voor een VM (voorlopige machtiging) tot gedwongen opname, kan voor de volgende strategie worden gekozen. De hulpverlener kiest tijdelijk de partij van personen uit de sociale omgeving en adviseert hen een advocaat in de arm te nemen, de politie in te schakelen, de 'misdragingen' van de cliënt consequent te registreren en klachten te deponeren bij een hulpverlenende instantie of een woningbouwcorporatie. Als de uitgesproken bedoeling van deze strategie is de cliënt te bereiken en een veel ingrijpender maatregel te voorkomen, hoeft ze niet in tegenspraak te zijn met de code. Uiteraard stelt deze aanpak eisen aan de verantwoording.
Bij het voorbeeld kan aangetekend worden dat de maatschappelijk werker zich nooit uitsluitend tot spreekbuis maakt van de gemeenschap (dan zou hij immers een soort overlastbestrijder zijn), maar zich evenmin volledig identificeert met de belangen van de cliënt. De maatschappelijk werker stelt zich dienstverlenend op, maar is niemands knecht. Als het goed is, houdt hij rekening met de belangen aan beide kanten, zodat hij als betrokken buitenstaander de handen vrij heeft voor optimalisering van de wisselwerking tussen cliënt en omgeving.

3.4 Verantwoordelijk voor eigen keuzen

In hoeverre is de cliënt verantwoordelijk voor eigen keuzen? Als in artikel 5 (code 1990) staat dat 'de houding van de maatschappelijk werker tegenover de cliënt is gebaseerd op respect voor diens persoon en erkenning van diens verantwoordelijkheid voor de eigen keuze van handelen', lijkt dat heel absoluut. De toelichting nuanceert dit door te stellen dat de maatschappelijk werker in zijn professioneel handelen erop gericht is dat de cliënt *komt tot* verantwoord en zelfstandig handelen in zijn situatie (cursivering LJ).
Dit laat ruimte open voor de vraag wat de handelwijze van de maatschappelijk werker moet zijn als de keuzen van de cliënt getuigen van onverantwoordelijkheid en onzelfstandigheid (of van onmacht, onwetendheid, onkunde, kwade wil) en de cliënt of anderen hierdoor schade lijden of in gevaar komen.

De lijn uit de vorige paragraaf doortrekken leidt tot de conclusie dat maatschappelijk werkers gehouden zijn zo lang en zo veel mogelijk de verantwoordelijkheid voor eigen handelen van cliënten te respecteren, maar dat zij die verantwoordelijkheid dienen te nuanceren als die keuzen getuigen van onverantwoordelijkheid en onzelfstandigheid. Het Beroepsprofiel (Jagt, 2006) zegt hierover dat de maatschappelijk werker de geldigheidsaanspraken van de cliënt weliswaar serieus neemt, maar zijn keuzen tegelijkertijd ter discussie kan stellen.'Hij kiest voor de rol van betrokken, ondersteunende tegenspeler, maar gaat de confrontatie aan als de cliënt zichzelf schade toebrengt of de belangen van anderen bedreigt. Hij respecteert de vragen, belangen en behoeften van de cliënt, zonder te pretenderen dat de klant koning is.' Er zijn immers ook andere belangen waarmee rekening gehouden moet worden. De maatschappelijk werker kijkt goed naar de objectieve, subjectieve en normatieve aspecten in de situatie en maakt een zorgvuldige afweging.
Als er sprake is van huiselijk geweld, van verslaving of een uitgavenpatroon dat uitloopt op onoverzienbare schulden, kan niet gesproken worden van een verantwoorde keuze. Dit kan ertoe leiden dat de maatschappelijk werker weloverwogen stappen neemt die erop gericht zijn bepaalde verantwoordelijkheden van de cliënt over te (doen) nemen. Het kan gaan om verantwoordelijkheden op het gebied van wonen, financiën, dagbesteding, gezondheid en relaties, maar ook op het gebied van opvoeding van de kinderen. Gaat het om volwassenen die er bewust voor kiezen om in kommervolle omstandigheden te leven, zonder dat dit gevaar voor hun omgeving oplevert, dan blijft er niets anders over dan de vinger aan de pols te houden.

3.5 Wettelijk onvrijwillige hulpverlening en de code

In hoofdstuk 2 kwamen de belangrijkste vormen van wettelijk onvrijwillige hulpverlening aan de orde: jeugdbescherming (2.4) en reclassering (2.5). De vraag is hoe maatschappelijk werkers in deze werkvelden zich verhouden tot de code.

JEUGDBESCHERMING EN DE CODE

Alleen maar de vinger aan de pols houden is niet genoeg bij risicovolle opvoedingssituaties. Erkenning van de eigen verantwoordelijkheid van ouders blijft niet in stand als de ouders schromelijk tekortschieten in de verzorging, bescherming en opvoeding van hun kinderen. Doek (1998) zegt hierover: 'De vrijwillige jeugdhulpverlener kan niet verder als de vereiste medewerking van ouders wegvalt. Wanneer onderwijl de kinderen in omstandigheden verkeren die hun ontwikkeling ernstig bedreigen, is het *ethisch onaanvaardbaar* dat de jeugdhulpverlener niet de geëigende stappen neemt om die kinderen van de noodzakelijke bescherming te voorzien' (cursivering LJ). Die stappen houden dus in dat de Raad voor de Kinderbescherming wordt ingeschakeld en dat na een onderzoek aan de kinderrechter gevraagd kan worden een OTS uit te spreken. Daarmee wordt de verantwoordelijkheid van de ouders (tijdelijk) juridisch ingeperkt.

Deze uitspraak is duidelijk. In dit soort situaties *niet* ingrijpen is een op ethische gronden verwijtbare tekortkoming. Positief geformuleerd: in dit soort situaties is ingrijpen een handelwijze die ethisch verantwoord is. Er kan zelfs gesproken worden van een ethische *plicht*, die bij mishandeling of huiselijk geweld parallel loopt met een wettelijke meldplicht. Omdat ingrijpen in de ouder-kindrelatie zeer fundamenteel is, en zowel ouders als kinderen ten diepste raakt, luisteren ethische afwegingen op dit vlak zeer nauw. Bij een ontzetting uit of ontheffing van het ouderlijk gezag geldt dat wel in zeer bijzondere mate. De maatschappelijk werker/raadsonderzoeker heeft een zwaarwegende verantwoordelijkheid omdat de onderzoeksrapportage duidelijk zal moeten maken in hoeverre de situatie aanleiding geeft tot ontheffing (bij onmacht) of ontzetting (bij verwijtbaar gedrag). Om tot optimale standaardisering te komen heeft de Raad voor de Kinderbescherming vanaf 1999 een voor het hele land geldend uniform onderzoeks- en beslissingsinstrument in gebruik genomen.

Gezinsvoogden en andere professionals in de jeugdbescherming staan onder druk, zowel door de zwaarte van hun beslissingen voor ouders en kinderen als door de pressie van de publieke opinie. De beroepsverenigingen NVMW en Phorza erkennen dit door aan de geactualiseerde Beroepscode (per resp. 2009 en 2010) een apart addendum voor werkers in de jeugdzorg toe te voegen. Dat zo'n addendum er niet komt voor de reclassering, heeft te maken met het feit dat de reclassant nog een keuze heeft (zie de volgende paragraaf), terwijl beperking van of ontzetting uit het ouderlijk gezag geen keuzealternatieven kent.

Het volgende citaat uit het NVMW-Beroepsprofiel (Jagt, 2006, p. 64 e.v.) geldt zowel maatschappelijk werkers bij de jeugdbescherming als bij de reclassering.

> ***'In de media wordt maatschappelijk werkers nogal eens verweten dat ze de verkeerde keuze hebben gemaakt. Ze hadden moeten ingrijpen, maar ze hebben het laten afweten. Ze hadden niet moeten ingrijpen en ze hebben dat wel gedaan. Positieve gevolgen van de keuzen van maatschappelijk werkers halen overigens zelden het***

nieuws.
Verwijten vallen achteraf gemakkelijk te onderbouwen door te verwijzen naar de desastreuze gevolgen van een keuze. Bijvoorbeeld de keuze om een kind niet uit huis te plaatsen, terwijl later blijkt dat het thuis is mishandeld tot de dood erop volgt.
Ook maatschappelijk werkers die het dilemmakarakter van bepaalde keuzen serieus nemen, en met inzet van hun competenties en consulteren van anderen naar een constructieve uitweg zoeken, kunnen een beslissing nemen die achteraf verkeerd uitpakt. Wanneer zij in het licht van de ongunstige afloop reflecteren op hun keuzen en overwegingen, kan dat leermomenten opleveren voor hun professionele handelen.
Maar die reflectie kan ook tot de conclusie leiden dat er, gezien de beschikbare informatie en keuzemogelijkheden, wel degelijk zorgvuldig gehandeld is. Die overtuiging kan een tegenwicht bieden tegen de pijn om de desastreuze afloop en een eventuele publieke veroordeling.
Vanwege de vertrouwelijkheid kan de bekritiseerde maatschappelijk werker of de instelling waar hij werkt, zich in de openbaarheid vaak slecht verdedigen.'

RECLASSERINGSBEGELEIDING EN DE CODE

In paragraaf 2.5 is uiteengezet welke diensten de reclassering biedt aan mensen die met politie en justitie te maken hebben. De vrijheidsbeperking als gevolg van een strafproces en een rechterlijk vonnis, schept een kader waarbinnen de reclassering in opdracht van de rechter begeleiding aanbiedt. De begeleiding is erop gericht recidive te voorkomen. De vrijheidsbeperking, een aantasting van het zelfbeschikkingsrecht, geschiedt dus niet door de reclassering maar door de rechter. Het kader is gedwongen maar het begeleidingsaanbod binnen dat kader is dat niet. Zo'n aanbod maakt deel uit van een voorwaardelijk strafdeel: de betrokkene kan ofwel gebruik maken van begeleiding ofwel gaan 'zitten'. Kiest iemand voor het eerste, dan maken reclassering en cliënt een Toezichtovereenkomst waarin wordt vastgelegd hoe zij zullen samenwerken om het strafbare gedrag van de cliënt in te dammen. De cliënt tekent hiervoor en geeft dus toestemming. Hiermee is de reclasseringsbegeleiding in overeenstemming met de code.

In alle vormen van maatschappelijk werk kan er spanning bestaan tussen het zelfbeschikkingsrecht van de cliënt en de taken waarmee de maatschappelijk werker wordt belast vanuit zijn instelling. Dit luistert vooral nauw als maatschappelijk werkers functioneren in contexten die – vanuit maatschappelijke belangen – vaak aan dat zelfbeschikkingsrecht moeten tornen: de reclassering en de jeugdbescherming. Niet ondenkbaar is dat er ook een spanning gecreëerd wordt tussen functie en beroep.
De spanning tussen beroep en functie bestaat al zo lang het professioneel maatschappelijk werk bestaat, zegt het Beroepsprofiel (Jagt, 2006, p. 86). De functionaris zal zich moeten afvragen of loyaliteit aan het organisatorisch kader en aan de functieomschrijving wel te combineren is met loyaliteit aan de centrale waarden van zijn beroep. Voor het algemeen maatschappelijk werk is een professioneel statuut ontwikkeld om tot heldere afspraken te komen over de verantwoordelijkheden van werkgevers en professionals; ook in reclassering en jeugdzorg kan zo'n professioneel statuut dienstbaar zijn. Overigens wordt in de code ook in ethische zin aandacht besteed aan de verhouding van de maatschappelijk werker tot de organisatie waaraan hij verbonden is.

3.6 Beroepsethiek in de praktijk

Hierna volgen enkele korte praktijkschetsen waarbij het expliciteren van beroepsethische vragen en het – met verwijzing naar de beroepscode – zoeken naar een antwoord aan de lezer wordt overgelaten. Wat is in de beschreven situatie wel en niet beroepsethisch verantwoord, en op welke gronden?

Een lokaal zorgnetwerk
Medewerkers van een lokaal zorgnetwerk bespreken met de regelmaat van de klok problemen van wijkbewoners en verzamelen gegevens over hen zonder dat die wijkbewoners daarvan op de hoogte zijn. De zorgnetwerkers zijn zich ervan bewust dat zij hierbij waarschijnlijk grenzen overschrijden, maar zij leggen hun prioriteit bij de enorme sociale problematiek in de wijk; juridische en beroepsethische ins en outs komen op de tweede plaats. Een belangrijke stelregel is dat zij schriftelijk vastleggen wat besproken is en eventueel wie welke stappen gaat nemen.

Twee zusters zonder problemen

Twee zusters van ver in de zeventig wonen in een rustige stadsbuurt. Buren klagen over stank en over kakkerlakken en ratten in de buurt van hun huis. De ene zuster is al in maanden niet gezien en als de andere af en toe buiten komt om boodschappen te doen, ziet ze er verwaarloosd uit. Wanneer de buren dit melden bij de maatschappelijk werker die in het buurthuis spreekuur houdt, neemt die telefonisch contact op. Ze krijgt achtereenvolgens beide zussen aan de lijn, die om het hardst ontkennen dat er een probleem is: hulp is onnodig. Het beleid van de instelling is dat cliënten het recht hebben om te weigeren, dus er wordt geen poging tot huisbezoek ondernomen. Twee weken later worden beide zusters dood in de woning aangetroffen, volgens het rapport van de lijkschouwer gaat het om dood door natuurlijke oorzaken. (Bron: Thomas, 1999)

Een geregeld bestaan

Een jong echtpaar met kinderen is door een enorme schuldenlast aan lager wal geraakt. Hen wordt een laatste kans geboden in de vorm van voorwaardelijke hulpverlening. Zij krijgen een huis aangeboden onder voorwaarde dat zij begeleiding accepteren bij het beheren van hun geld en het opvoeden van de kinderen, kortom: bij het weer greep krijgen op hun leven. Een tijdlang gaat het redelijk goed, maar dan vergokt de man in één klap al het maandgeld. De maatschappelijk werker neemt als sanctie het bankpasje van het gezin in. (Bron: videofilm *Een geregeld bestaan*, 1997)

Ruud en elektronisch toezicht

Een penitentiaire inrichting verzoekt de reclassering een advies Elektronisch Toezicht (ET) uit te brengen over Ruud, gedetineerd wegens betrokkenheid bij een schietpartij. Ruud is gehuwd en heeft een dochtertje van acht, Pien. De inrichting wil van de reclassering weten of het technisch mogelijk en psychisch verant-

woord is om Ruud onder ET te plaatsen. Het advies is positief. Ruud kan vier dagen in de week aan de slag in een ziekenhuis (taakstraf) en hij en zijn vrouw zijn gemotiveerd en geïnformeerd. Ze gaan akkoord met de voorwaarden. Ruud krijgt een enkelband met zendertje om en wordt in de gaten gehouden door een beveiligingsbedrijf. Als hij niet werkt moet hij binnenblijven; alleen op woensdagmiddag mag hij een uurtje naar de tennisles van Pien en in het weekend is er een bepaald aantal uren voor familiebezoek en boodschappen. Ruud en zijn vrouw krijgen nu de tijd om samen te verwerken dat zij een miskraam kreeg toen hij in detentie was. Ook voor Pien is belangrijk dat Ruud thuis is: ze begreep niet waarom papa zo lang wegbleef.
Tijdens het ET werkt Ruud in het ziekenhuis; zijn chef is zeer tevreden en wil als referent optreden bij sollicitaties. Elke woensdag heeft Ruud een afspraak bij de reclassering over de voortgang van het ET. Hij beëindigt het ET tot tevredenheid van iedereen en verwerft een vaste baan. (Bron: Jaarverslag Reclassering Nederland, 1998)

Kinderliefde
Het gezin bestaat uit vader, moeder en twee kinderen. Beide ouders zijn zwakbegaafd. Het oudste kind is uit huis geplaatst wegens verwaarlozing, die vooral berust op onmacht en onkunde. De ouders lijden erg onder deze maatregel en doen hun uiterste best om het jongste kind thuis te houden. Maar zelfs met inzet van enkele andere vrijwillige en professionele zorgverleners komt het kind tekort, doordat het de ouders niet lukt om adequaat te reageren op nieuwe situaties en nieuwe vragen waarvoor het kind hen plaatst. De ouders, vooral de moeder, zien het als hun levensbelang het kind thuis te houden en doen een sterk appel op de maatschappelijk werker. Die is erg met de ouders begaan, maar heeft aanleiding te menen dat wat zij verlangen niet in het belang van het kind is.
De ouders uit dit voorbeeld zijn ervan overtuigd dat ze een goed ouderpaar kunnen zijn als ze maar genoeg hun best doen en de

tijd krijgen. Nadat hun tweede kind toch uit huis geplaatst wordt, willen ze zo snel mogelijk een nieuwe kans – via een volgende zwangerschap. (Bron: Jagt, 2006)

3.7 Hulpverlening en macht

Kunnen hulp en macht samengaan? Het is een klassieke vraag waarop elke hulpverlener daadwerkelijk een eigen antwoord moet vinden. Veel mensen hebben ambivalente gevoelens ten opzichte van macht; de maatschappelijk werker vormt daar geen uitzondering op. De code laat zich over de machtsvraag duidelijk uit. Artikel 6 zegt:

> ***'De maatschappelijk werker laat na misbruik te maken van het uit zijn deskundigheid en/of positie voortvloeiende overwicht in de professionele relatie tot de cliënt.'***

De vraag is dus niet *of* er sprake is van machtsongelijkheid tussen cliënt en werker, het artikel stelt zonder meer *dat* de maatschappelijk werker in de professionele relatie overwicht heeft.
Macht roept een reeks vragen op, vaak variaties op de vraag: aan welke voorwaarden moet machtsuitoefening voldoen wil ze kunnen samenvallen met hulp, of ten minste aan hulp kunnen raken? Is een 'machtsvrije' verhouding tussen cliënt en maatschappelijk werker mogelijk of speelt macht in alle soorten relaties (ook persoonlijke) een rol?

MACHT ALS VERMOGEN

Er zijn hulpverleners die het begrip 'gelijkwaardigheid met de cliënt' vertalen als afwezigheid van macht aan hun kant. Solidariteit met machtelozen vertalen zij in 'machteloos zijn met de machtelozen'. Als dit klopt, kan men zich afvragen: wat heeft een machteloze aan zo'n hulpverlener? Cliënten hechten zeker waarde aan medeleven, maar uiteindelijk verwachten ze meer. En wat is voor dat meer nodig? Kennis, vaardigheden, het vermogen om mensen te helpen bij het tot hun recht komen in hun omgeving; kortom daarvoor is macht nodig: expertmacht (Mulder, 1989) of deskundigheidsmacht. Hierbij hoort ook positionele macht, die samenhangt met de functie (en soms het mandaat) van de maatschappelijk werker. De betekenis van het begrip 'macht' als het vermogen om iets tot stand te brengen, is terug te vinden bij Van Reijen (1997), die menselijke macht primair als zelfmacht beschouwt. Zij zet een aantal bronnen van macht op een rijtje: lichaamskracht, geld, bezit, gereedschappen, instrumenten, persoonlijkheidseigenschappen, overtuigingskracht, aangeleerde vaardigheden, uitdrukkingsvermogen, technieken, informatie, deskundigheid, kennis, diploma, naam, positie, functie, houding, geloof, een idee. Macht is het vermogen iets te doen en het vermogen richting te geven aan het gedrag van anderen (Ebskamp & Kroon, 1990). Over het goede of kwade van macht is daarmee nog niets gezegd. Het gaat er maar om voor welke richting gekozen wordt, en wie daarover een oordeel geeft.

MAATSCHAPPELIJK WERKERS BESCHIKKEN OVER MACHT

Volgens de gegeven omschrijvingen beschikken maatschappelijk werkers bij de uitoefening van hun beroep over macht. De code erkent dit, maar onderkent tegelijkertijd de risico's van machtsmisbruik. De professionele relatie gebruiken voor eigen materieel of immaterieel gewin en bevrediging van eigen seksuele en/of agressieve verlangens is misbruik van macht, ook al geeft de cliënt daar – in welke vorm dan ook – aanleiding toe.
De social caseworkmodellen beschikken over ingebouwde mechanismen om eenzijdige machtsuitoefening tegen te gaan. Maatschappelijk werkers hebben altijd de verplichting om zich tegenover de cliënt te verantwoorden en cliënten hebben altijd de mogelijkheid om de interventies van de werker ter discussie te stellen. Wezenlijk aan deze modellen is dat het gelaagde modellen zijn (Van der Laan, 1997). Al bepaalt de hulpverlener op een gegeven moment welke stappen zullen worden genomen (sturing), de cliënt kan te allen tijde op metacommunicatief niveau op deze interventies reageren. Tijdens de uitvoering van de hulp loopt de controle op het nakomen van het contract als het ware mee.

MACHT IN ALLE MENSELIJKE RELATIES

Macht speelt niet alleen in professionele, maar in alle menselijke relaties een rol. Centraal staat hierbij de vraag: wiens regels gelden? Over het huwelijk zijn veel romantische dingen gezegd, maar Alfred Lange zegt in een interview in *Opzij* (2002): 'Het huwelijk is een grote machtsstrijd.' Als een jongen en een meisje gaan samenwonen, ontkomen zij niet aan de vraag of haar of zijn regels gelden bij de inrichting en het onderhoud van hun woonruimte, wat, op welke manier en op welke tijd zij eten, wanneer zij opstaan en naar bed gaan, of ze wel of niet vrijen en op welke manier, hoe en waaraan zij hun geld besteden. Zullen zij daarbij aan macht denken? Vaak niet, zeker niet als er evenwicht is in beider mogelijkheid invloed uit te oefenen op regels. Maar als bijvoorbeeld de een 'alles' naar zich toe trekt en de ander 'niets' heeft in te brengen, wordt snel duidelijk dat er een verstoord machtsevenwicht is – en dan zal al gauw een machtsstrijd ontbranden. De vraag is niet *of* er in een relatie machtsaspecten spelen, de vraag is op welke manier de betrokkenen (partners, ouders, kinderen, collega's) ermee omgaan. De kortste weg naar vrijwel onoplosbare conflicten is het ontkennen van machtsaspecten; de beste manier om ermee om te gaan is er open over praten om tot heldere afspraken te komen. De machtsaspecten niet verdoezelen is dan ook een belangrijke leidraad voor de contacten tussen cliënten en maatschappelijk werkers. Dit geldt zeker als het onvrijwillige contacten betreft, terwijl juist daar de verleiding bestaat om dat in het vage te houden.

3.8 Vertrouwensrelatie en de code

Het begrip 'vertrouwensrelatie' komt in de code nauwelijks voor. Dat dit toch een punt is om bij stil te staan, heeft te maken met het feit dat maatschappelijk werkers zich nogal eens op die vertrouwensrelatie beroepen om hun eigen doen en laten te 'verklaren'. De vertrouwensrelatie wordt dan als zo fundamenteel gezien, dat met het hanteren van dat begrip – ook zonder nadere concretisering – alles gezegd is. De code geeft daartoe geen aanleiding, hij noemt slechts eenmaal (in een toelichting) de vertrouwensrelatie, omschrijft eenmalig de maatschappelijk werker als vertrouwenspersoon en spreekt in verband met geheimhouding over vertrouwelijke gegevens. Voor het overige gaat het in de code over de professionele relatie tussen werker en cliënt. Daarmee is in de code dus geen ondersteuning te vinden voor de opvatting dat de vertrouwensrelatie het belangrijkste hulpverleningsmiddel is, een middel dat nadere explicitering overbodig maakt en boven kritiek verheven is. Over de professionele relatie en het eigen doen en laten daarbinnen dient de maatschappelijk werker volgens de code verantwoording af te leggen.
De 'absolute' opvatting over de vertrouwensrelatie afwijzen is geenszins een ontkenning van het belang van vertrouwen. Maar vaak wordt de vertrouwensrelatie geromantiseerd; terwijl zeker in het begin van een onvrijwillige hulpverleningsrelatie het vertrouwen ontbreekt. Kan er dan nog niet gewerkt worden? Zeker wel, want niet een vertrouwensrelatie maar een professionele relatie is waar het om draait. Het gaat er primair om die professionele samenwerkingsrelatie (of werkalliantie, zie Hermanns & Menger, 2009) van de grond te krijgen. Dat

is altijd een relatie waarin een – zoveel mogelijk door werker en cliënt gedeeld – doel wordt nagestreefd.

Het werken met onvrijwillige cliënten beperkt in veel gevallen hun vrijheid, zeker bij wettelijke onvrijwilligheid. Dit brengt mee dat in beginsituaties eerder sprake is van wantrouwen van de kant van cliënten dan van vertrouwen (Folgering, 1994). In het gunstigste geval krijgt de werker te maken met een neutraal afwachtende houding, maar vaak speelt er wantrouwen, dat soms niet onder stoelen of banken gestoken wordt. Watzlawick c.s. (1974) bepleiten in zo'n geval een paradoxale aanpak. De werker die zegt: 'Pas op, ik ben niet volledig te vertrouwen, immers ...', zal doorgaans sneller het vertrouwen winnen dan degene die uitdrukkelijk vertrouwen nastreeft. Dat de maatschappelijk werker het vertrouwen waard is zal moeten *blijken*, en het *kan* blijken als de werker erop uit is dienst- en hulpverlening van de grond te laten komen die aansluit bij ervaren behoeften van de cliënt. Dit kan vaak door vormen van praktische dienstverlening die de draaglast van de cliënt beperken. Dat heeft weinig van doen met 'eerst een vertrouwensrelatie opbouwen, dan pas kunnen we aan het werk'.
William Reid, grondlegger van taakgerichte hulpverlening (TGH), merkt op dat de maatschappelijkwerkrelatie '... wordt gekarakteriseerd door activerende en vooral op samenwerking gerichte inspanningen; de werker deelt met de cliënt de informatie die in de beginfase is verkregen en vermijdt verborgen doelen en agenda's; bij de ontwikkeling van een plan van aanpak wordt volop gebruikgemaakt van wat de cliënt zelf aandraagt' (Reid, 1995, p. 24). Reid spreekt niet over 'het scheppen van een vertrouwensrelatie', maar beschrijft wenselijk *gedrag* van de werker, zijn openheid over zijn intenties en uitnodigende houding ten opzichte van de cliënt. Openheid en duidelijkheid in de relatie, over rechten en plichten, keuzen en grenzen, vermijden van een dubbele agenda, juist in de situatie waar de klant geenszins koning is, vormen de beste basis voor een professionele relatie. Die relatie houdt niet in, zoals soms wel wordt aangenomen, dat de maatschappelijk werker onvoorwaardelijk aan de kant van de cliënt staat. Het is van wezenlijk belang dat de maatschappelijk werker manoeuvreerruimte behoudt en niet verleid wordt de cliënt naar de mond te praten om de vertrouwensrelatie niet te beschadigen. Hij moet zich zowel *naast* als *tegenover* de cliënt kunnen opstellen. Uiteraard moet hij daarin betrouwbaar zijn, hij dient te handelen conform overeengekomen doel en werkwijze en is daarop te allen tijde aan te spreken. De maatschappelijk werker dient verschillende belangen en streeft naar volstrekte duidelijkheid over zijn betrekking tot en betrokkenheid op

het belang van de cliënt. Het begrip vertrouwensrelatie, soms op dubieuze wijze gebruikt, past hier minder dan het begrip professionele (samenwerkings)relatie of werkalliantie.

Na lezing van dit hoofdstuk kan de lezer:

- **beschrijven wat de verhouding tussen beroepsethiek en sociale ethiek is en wat de betekenis hiervan is voor de beroepspraktijk;**
- **beargumenteren:**
  - **wanneer het op eigen initiatief naar cliënten toegaan beroepsethisch verantwoord is;**
  - **wanneer het overnemen van verantwoordelijkheden van cliënten beroepsethisch verantwoord is;**
  - **wanneer het tijdelijk positie kiezen 'tegen' een cliënt beroepsethisch verantwoord is;**
- **op kritische wijze beroepsethische vragen formuleren bij de in paragraaf 3.8 beschreven praktijkschetsen en aangeven wat in de situatie verantwoord handelen zou zijn (geweest);**
- **een casus analyseren op de verhouding tussen hulpverlening en macht;**
- **formuleren wat een uitleg aan een onvrijwillige cliënt over de hulpverleningsrelatie minimaal moet inhouden;**
- **kritische vragen stellen bij het begrip vertrouwensrelatie en uitleggen wat er in relatie tot onvrijwillige cliënten wel en niet mee wordt bedoeld.**

4 Van buiten naar binnen

4.1 Inleiding

Wanneer mensen van buitenaf zich met je leven bemoeien en willen dat je – onder hun (bege)leiding – verandert in een richting die zij aangeven, hoe reageer je dan? Maatschappelijk werkers dienen zich te realiseren hoe potentiële cliënten op zo'n benadering kunnen reageren. Daar begint dit hoofdstuk mee. Twee reacties op ervaren inperking van vrijheid worden besproken: *reactance* en *strategische zelfpresentatie*. De maatschappelijk werker doet er verstandig aan deze uitingen van de cliënt te zien als reacties op de situatie en niet als kenmerken van de cliënt als persoon (4.2).
Als de potentiële cliënt al wil meewerken aan verandering, dan zal dat in eerste instantie ingegeven zijn door de druk, aandrang of verwachte beloningen van buitenaf (extrinsieke motivatie). Maatschappelijk werkers vinden dat doorgaans een 'minder soort' motivatie, maar als startpunt moet extrinsieke motivatie wel degelijk gewaardeerd worden. Soms is dat het enig haalbare, maar in veel gevallen kan van daaruit de – dikwijls lange weg – naar intrinsieke motivatie bewandeld worden, waarbij uiteindelijk het perspectief van de maatschappelijk werker en dat van de cliënt (ook wel buiten- en binnenperspectief genoemd) ten minste deels samenvallen (4.3). Op die weg moet gerekend worden op ambivalenties en regelmatige 'terugval' bij de cliënt: veranderingen in doen en laten van mensen voltrekken zich zelden in een rechte lijn. Hiermee rekenen laat voor werker en cliënt ruimte om te focussen op de kansen die in de situatie besloten liggen (4.4).
Parallel aan de beweging van buiten naar binnen bij de cliënt, dient er ook zo'n beweging te zijn bij de maatschappelijk werker. Die kijkt niet alleen naar buiten (naar de cliënt), maar ook naar binnen: naar eigen vooroordelen (4.5) en motivatie (4.6) die van grote invloed zijn op het contact met de onvrijwillige cliënt.

4.2 Reacties van cliënten op ervaren inperking van vrijheid

Hoe de maatschappelijk werker het contact met de onvrijwillige cliënt ook heeft voorbereid, het is en blijft een ongevraagd contact dat wordt aangegaan op basis van klachten en zorgen vanuit de sociale omgeving. Het valt te verwachten dat de betrokkene zich aangevallen, belasterd en beledigd voelt en dit op directe of indirecte wijze zal tonen. Waar bemoeien anderen zich mee? Het subject van de bemoeienis voelt zich ingeperkt in zijn autonomie en vrijheid. Twee – verwante – typen reacties, die in wezen die inperking krachteloos willen maken, zijn reactance en strategische zelfpresentatie.

REACTANCE

Brehm en Brehm (1981) deden onderzoek naar de emotionele reacties en gedragingen van mensen die meenden dat inbreuk gemaakt werd op hun persoonlijke vrijheid. Hoewel de reacties individuele verschillen lieten zien, was het opvallend dat zich een patroon van overeenkomstige emoties en gedragingen aftekende. Mensen gingen wat gezegd werd aanvechten en/of ontkennen en zij deden allerlei pogingen om hun persoonlijke vrijheid veilig te stellen. Dit was vooral het geval bij mensen die zelf al ambivalent stonden tegenover gedragingen waarop kritiek werd uitgeoefend. De onderzoekers toonden aan dat deze wijze van reageren niet kenmerkend is voor mensen die tot een zwakke sociale groep behoren of bepaalde karaktertrekken vertonen, maar dat het gaat om een algemeen psychologisch principe. Brehm en Brehm noemden het 'reactance'. Het gaat om gedragingen waarmee iemand probeert persoonlijke controle en vrijheid te handhaven en externe beperkingen zo veel mogelijk buitenspel te zetten. Hoe meer iemand eigen controle en vrijheid probeert te handhaven, des te hoger zijn niveau van reactance (Snellen, 2007).
Ronald Rooney (1992) liet zijn studenten in een oefening met reactance 'kennismaken'. Als voorbereiding vroeg hij hen situaties in herinnering te roepen waarin zij – op basis van klachten die anderen over hen uitten – gedwongen werden iets te doen of te laten tegen hun wil. Hij vroeg hen drie soorten reacties op te schrijven die bij hen werden opgeroepen: wat zij dachten, wat zij voelden en wat zij deden. Inventarisatie van de notities leverde het volgende beeld op.

- Gedachten: waarom moet mij dit overkomen? Dat heb ik niet verdiend. Hoe kan ik hier onderuit komen? Wat zijn mijn rechten? Kan ik bij de een of ander een klacht indienen? Dit is oneerlijk!
- Gevoelens: ik voelde mij machteloos ... woedend ... gefrustreerd ... wraakzuchtig ... verward ... ging aan mijzelf twijfelen.

- Acties: ik deed wat van mij gevraagd werd, maar ik saboteerde zo veel mogelijk de doelstelling, ik stemde met woorden in maar deed niks, ik deed net genoeg om van het gezeur af te zijn, ik reageerde mijn kwaadheid op anderen af, ik weigerde en nam de consequenties hiervan voor mijn rekening.

In grote lijnen komen de resultaten van deze oefening overeen met de bevindingen van Brehm en Brehm: reactance is een *normale* en algemeen voorkomende reactie op bedreiging van voor de betrokkene waardevolle rechten. Iemand verdedigt als het ware het eigen territorium tegen indringers, krachten en klachten van buitenaf. Dat is het wezen van reactance, die zich op tal van manieren en meer of minder heftig kan uiten. Bijvoorbeeld door pogingen om de klacht niet van toepassing te verklaren, anderen te beschuldigen, de boodschap in twijfel te trekken, zich meegaand voor te doen, en door verbale of lijfelijke agressie.

'Zo, dus mijn kinderen gaan te laat naar bed? Ik snap niet waar je je druk over maakt. Dat heb je zeker van dat mens van De Vries. Je moet eens bij haar gaan kijken. Haar kinderen zwerven tot diep in de nacht op straat.'

'Ik weet wel waarvoor jullie komen, jullie halen kinderen weg!'

Rooney geeft maatschappelijk werkers de volgende methodische aanwijzingen voor het omgaan met reactance.

- Ga ervan uit dat reactance een normale reactie is op ervaren bedreiging van vrijheid.
- Verwacht niet dat het uit zichzelf afneemt.
- Help, waar dat in de gegeven omstandigheden mogelijk is, *direct* de vrijheid te herstellen.
- Maak een contract om waar dat mogelijk is *op termijn* de vrijheid te herstellen.
- Benoem specifieke veranderingen die aan herstel van vrijheid kunnen bijdragen.
- Richt gedrag en aandacht primair op de situatie, en minder op de persoon.
- Vermijd etikettering, wees concreet en specifiek.
- Benoem de keuzemogelijkheden, hoe beperkt ook, die voorhanden zijn.

- Help met het plannen van kleine haalbare stappen in de gewenste richting.
- Beloon of waardeer pogingen om stappen te doen in de gewenste richting.

STRATEGISCHE ZELFPRESENTATIE

Met 'strategische zelfpresentatie' (Rooney, 1992) wordt bedoeld dat mensen zich uit een voor hen bedreigende situatie proberen te redden door zich te presenteren op een manier waardoor zij mooier, sterker, armer, zieliger, dreigender of afhankelijker overkomen dan zij in werkelijkheid zijn. Het is een soort overlevingsstrategie die tot doel heeft de andere partij te beïnvloeden en zo dreiging het hoofd te bieden. Als mensen hun toevlucht nemen tot deze strategie wordt dat lang niet altijd doorzien, maar als dat wel zo is worden ze veelal als onwaarachtig bestempeld. De vraag is of dit terecht is. Het is algemeen geaccepteerd dat in de reclame zaken mooier worden voorgesteld dan ze zijn, dat er in politiek en religie naast vele waarheden ook veel onwaarheden te berde gebracht worden. In de rechtszaal worden lijnrecht tegenover elkaar staande versies van de waarheid verwoord. Kagle (1999) betoogt dat leugen en bedrog meestal worden beschouwd als een afwijking van de norm en als schending van vertrouwen, maar dat in het gewone tussenmenselijk verkeer bedrog een veelgebruikte en sociaal aanvaarde manier is om grenzen aan te geven en het eigen territorium te bewaken. Een zekere mate van bedrog en geheimhouding is van cruciaal belang voor het ontwikkelen van een eigen identiteit, voor het opbouwen van zelfrespect, voor het beschermen van privacy en voor het omgaan met macht. In serieuze en triviale situaties passen mensen zelfverheerlijkende, wensvervullende of zelfbeschermende vormen van bedrog toe: in curricula vitae, als zij op de versiertoer gaan, bij het invullen van hun belastingaangifte, bij sollicitatiegesprekken, als ze aan het vissen zijn, als ze moeten vertellen wat voor ziekten ze hebben gehad en hoeveel alcohol ze drinken. Bedrog speelt in veel tussenmenselijke relaties een rol; de relatie tussen hulpverlener en cliënt vormt daarop geen uitzondering, en werkers die van cliënten anders verwachten doen er goed aan bij zichzelf 'naar binnen te kijken'. In die zin kan het voor elke werker leerzaam zijn de zojuist beschreven oefening van Rooney te doen.
Anders gezegd: een maatschappelijk werker dient op strategische zelfpresentatie voorbereid te zijn en zich niet-veroordelend op te stellen. Natuurlijk betekent dit niet dat hij zich door de strategische zelfpresentatie van zijn oorspronkelijke doel moet laten afleiden. Als er sprake is van mishandeling van een kind, eist het belang van het kind

dat duidelijk wordt wat er gebeurd is, op welke manier, en of er gevaar is voor herhaling. Als feiten een duidelijke taal spreken dan zal aan die feiten meer belang gehecht worden dan aan verdraaide feiten die een cliënt naar voren brengt om zijn huid te redden. Het is echter contraproductief om de cliënt dit optreden kwalijk te nemen, hem te etiketteren als bedrieger of hem daarover te kapittelen. Let wel: de term 'strategische zelfpresentatie' is ontdaan van de morele connotatie die de term 'bedrog' in rijke mate heeft.
De methodische implicaties zijn in principe dezelfde als die voor reactance gelden: zowel reactance als strategische zelfpresentatie kunnen verminderd (of overbodig gemaakt) worden door bedoelingen te verhelderen, aan te geven hoe cliënten vrijheid en zelfstandigheid kunnen heroveren, te benadrukken dat er keuzen zijn en die keuzen concreet te benoemen. Wezenlijk is vooral dat reactance en strategische zelfpresentatie beschouwd worden als aspecten van de interactie, en niet als gedragsuitingen die karakteristiek zijn voor de persoon.

Haveman en Staffeleu (1990) geven een illustratie van strategische zelfpresentaties in het kader van een onderzoek naar daders van incest. Enkele uitspraken van hulpverleners over deze cliënten: zij ontkennen de beschuldigingen, zij minimaliseren het misbruik, zij schuiven de verantwoordelijkheid af, zij presenteren zich als slachtoffer van het slachtoffer, zij maken gebruik van afleidingsmanoeuvres, zij vertonen een extreme mate van sociaal wenselijk gedrag tegenover hun behandelaar, vaak zijn ze ongekend vriendelijk en proberen een sfeer van 'ouwe jongens krentenbrood' te creëren, soms zijn ze nederig en klef, ze zijn ontzettend gehaaid. Deze hulpverleners hebben er kennelijk moeite mee om de strategische zelfpresentatie van de incestdaders in niet-veroordelende termen te bespreken (klef, gehaaid). In situaties als deze is het aanbevelenswaard om na te gaan wat met de strategische zelfpresentatie wordt beoogd. Dat geeft meer aanknopingspunten voor een constructieve aanpak dan toegeven aan de aversieve reacties die het gedrag oproept.
Agressieve vormen van strategische zelfpresentatie kunnen angstaanjagend werken. Smith en Nursten (2000) geven daarvan het volgende voorbeeld.

Een maatschappelijk werker is op huisbezoek bij een man die als schizofreen bekendstaat en verdacht wordt van mishandeling van zijn moeder. Hij zit naast de cliënt terwijl deze aan het eten is. Plotsklaps kijkt de cliënt hem dreigend aan en maakt stekende bewegingen met de vork recht voor het gezicht van de werker, die verstijft van schrik. Maar ineens, alsof er een knop is omgedraaid, zit de man weer te eten alsof er niets gebeurd is.

Om in deze en soortgelijke situaties het hoofd koel te houden en adequaat te reageren is geen kleinigheid. Toch hangt het in belangrijke mate van de reacties van de werker af of de zaak zal escaleren of niet. Reageren met contra-agressie vergroot het risico op escalatie met als resultaat dat voortzetting van het hulpverleningscontact en de veiligheid van de werker in gevaar kunnen komen. Schuur (2000) geeft een aantal adequate reactiemogelijkheden bij verbale agressie.

- Reageer niet gelijk maar zwijg op een belangstellende, betrokken manier tot de cliënt is uitgeraasd of uitgesproken. Neem de cliënt serieus in zijn boosheid maar gooi verbaal noch non-verbaal olie op het vuur.
- Stel een vraag over een van de punten waarover cliënt zich kwaad heeft gemaakt. Geen algemene vragen als: wat is er aan de hand? of: wat is er gebeurd? maar een specifieke vraag als: wordt u uit uw huis gezet? Als de cliënt merkt dat naar hem geluisterd wordt, gaat hij meestal in op de redenen van de kwaadheid.

Bij onvrijwillige cliënten is het hoogstwaarschijnlijk juist het ongevraagde van het contact dat de agressie oproept en daarom is het belangrijk om te vragen wat dit voor de cliënt betekent.
Als de eigen veiligheid in gevaar komt is het aan te bevelen om naar een aftocht toe te werken. Voor maatschappelijk werkers is het van groot belang dat zij na dit soort ervaringen de gelegenheid krijgen zich erover uit te spreken, het liefst in collegiaal verband (Smith & Nursten, 2000).

4.3 Van buiten naar binnen werken zonder forceren

Maatschappelijk werkers krijgen, of ze dat nu willen of niet, te maken met cliënten die niet *intrinsiek* (van binnenuit) gemotiveerd zijn om een hulpaanbod te accepteren. In veel gevallen 'zit er niets anders op' dan uit te gaan van cliënten die hooguit *extrinsiek* (van buitenaf) gemotiveerd zijn. Zeggen dat er niets anders op zit, is in wezen een te negatieve formulering, want extrinsieke motivatie is beter dan geen motivatie en bovendien een basis om naar intrinsieke motivatie toe te werken.

Wanneer de maatschappelijk werker de cliënt benaderd heeft en duidelijk de aanleiding daarvoor benoemd heeft, is een nieuwe situatie geschapen. Ook al erkent de cliënt niet dat hij een probleem heeft, hij bevindt zich vanaf nu in een situatie waarin een andere partij (een persoon of een instelling) vindt dat hij een probleem heeft waar iets aan gedaan moet worden. Dit kan voortkomen uit relationele betrokkenheid, uit liefde, uit vriendschap, maar ook uit meer afstandelijke maatschappelijke en humanitaire overwegingen. Goede bedoelingen kunnen de drijfveer zijn, maar natuurlijk ook eigenbelang of morele verontwaardiging. Sommige zaken kan de cliënt naast zich neerleggen (of hij veinst dat te doen), maar hij kan dat natuurlijk niet met een uitspraak van de rechter die fundamentele rechten beperkt.
Als er zo'n uitspraak ligt of wanneer een sociaal onvrijwillige cliënt zich gedwongen voelt contact met een maatschappelijk werker aan te gaan, is daarmee nog niets aan de problematiek gebeurd, maar de situatie is toch niet meer dezelfde als voorheen. De cliënt erkent het hem toegeschreven probleem misschien niet, maar het kan een probleem voor hem zijn of worden dat anderen dat wel doen en hem onder druk kunnen zetten. Het uitspreken van een ondertoezichtstelling verandert op zich niets aan de opvoedingssituatie, maar de cliënt kan er niet langer omheen dat de maatschappij niet akkoord gaat met de manier waarop hij vormgeeft aan de opvoeding van zijn kinderen.
Hulp (moeten) accepteren bevat in zo'n geval niet zelden elementen van een crisis. Als dat zo is, is het aan de hulpverlener om te pogen het veranderingspotentieel dat altijd in een crisis besloten ligt zo goed mogelijk te benutten. De crisiselementen helder benoemen, gecombineerd met een zo concreet mogelijk hulpaanbod kan bij de cliënt bereidheid opwekken zelf iets aan het probleem te doen. Al is het maar aan het probleem dat hij gedwongen wordt hulp van buitenaf te accepteren.

EEN AANZET TOT ...

Maatschappelijk werkers die met onvrijwillige cliënten werken, moeten – om het maar eens simpel te zeggen – werken 'van buiten naar binnen'. Soms kunnen zij lange tijd weinig anders doen dan de cliënt extrinsiek motiveren, omdat die uit zichzelf niet aan verandering wil of kan meewerken, terwijl er toch andere waarden en belangen meespelen – bijvoorbeeld vanwege de schade die hij anderen toebrengt – dan alleen het zelfbeschikkingsrecht van de cliënt. Sancties kunnen in de beginsituatie een belangrijke rol spelen. Ze kunnen dienen als hefboom, als startmotor. Het effect ervan is echter niet blijvend. Het wordt pas iets blijvends, iets van de cliënt zelf, als deze ziet dat het eigen belang er (ook) mee gediend is. Dat eigen belang kan gelegen zijn in de ervaring dat een kleine wijziging in de aanpak van de kinderen meer rust in de tent brengt, in de kans dat een partner voorlopig niet opstapt, dat de kinderen thuis kunnen blijven, dat het huis niet ontruimd hoeft te worden, of in het vooruitzicht binnen afzienbare tijd van de hulpverlener verlost te zijn. Het gaat in alle gevallen om het vertalen van de van buiten komende (aan)klacht in een belang van de cliënt zelf. Buitenperspectief van de werker en binnenperspectief van de cliënt vallen dan ten minste voor een deel samen. De cliënt krijgt de kans te ervaren dat de maatschappelijk werker niet alleen het maatschappelijk (buiten)belang vertegenwoordigt, maar ook – en oprecht – gericht is op zijn belang. Dat lukt zelden of nooit in één klap, het valt niet te forceren. Vrijwel altijd gaat het om ontwikkelingen die stap voor stap vorm krijgen.

MOTIVATIONAL CONGRUENCE

Hoe kan de maatschappelijk werker zodanige condities scheppen dat de cliënt het werken naar verandering gaat zien als een belang van zichzelf, en ook zelf geactiveerd wordt? Deze condities worden wel samengevat onder de noemer *motivational congruence.*
Rooney (1992) zegt dat motivational congruence nagestreefd wordt als de maatschappelijk werker:

- verheldert dat en waar er ruimte is voor keuzen en eigen inbreng (dit is van groot belang voor de cliënt die ervaart dat zijn vrijheid ingeperkt is);
- de cliënt informeert over de rechten die deze heeft;
- waar wenselijk en mogelijk werkt met contracten waarin doel en werkwijzen, rechten en plichten van beide partijen duidelijk omschreven zijn (dat geeft bijvoorbeeld bij voorwaardelijke hulpverlening houvast);
- de cliënt zo veel mogelijk betrekt bij te nemen stappen en zijn inbreng zo groot mogelijk laat zijn.

Rooney zelf kiest voor een benadering die gebaseerd is op de methodiek van de taakgerichte hulpverlening, omdat deze benadering – met enige aanpassingen – het partnerschap van de cliënt sterk benadrukt. De motivatie van werker en cliënt, buiten- en binnenperspectief zullen nooit volledig samenvallen, maar de werker zal in doen en laten voortdurend streven naar een optimale motivational congruence.

NETWERKSTEUN
Sterk motiverend voor de cliënt kan ten slotte zijn de aanmoediging en steun die hij ondervindt vanuit zijn sociale netwerk. Veel onvrijwillige cliënten beschikken over een zwak sociaal netwerk en daarom kan uitbouw daarvan of herstel van bepaalde relaties daarbinnen een belangrijk hulpverleningsdoel zijn. Voor delinquenten en verslaafden is het soms nodig een vrijwel nieuw sociaal netwerk op te bouwen, omdat het oude netwerk voortdurend appelleert aan het oude gedrag dat de cliënt nu juist in de problemen bracht. Dat kost veel tijd en al kunnen professionele en vrijwillige hulpverleners voor een korte overgangsperiode de plaats van het oude netwerk innemen, van meet af aan moet worden gestreefd naar het vormen van een nieuw sociaal netwerk met een mix van relaties. Soms kan de uitgangssituatie van de cliënt aanmerkelijk worden verbeterd wanneer de maatschappelijk werker bemiddelt in een conflictueuze relatie (bijvoorbeeld met de huisbaas of met een schuldeiser); in andere gevallen kan een aan het netwerk toegevoegde relatie een wereld van verschil maken.

Dat gold bijvoorbeeld toen de maatschappelijk werker Yvonne (18) die op kamers woonde en haar baby sterk verwaarloosde, in contact bracht met de ervaren vrijwilligster Anna (45). Deze moederlijke vrouw kwam regelmatig langs en verleende op allerlei manieren steun, terwijl ze door regelmatig als oppas te fungeren Yvonne in de gelegenheid stelde zich bij een sportclub aan te sluiten. Ook stond Anna voor Yvonne model wat betreft het 'bemoederen' van de baby, die op de verbeterde verzorging heel goed reageerde. Yvonne ontleende daaraan inspiratie en kreeg er plezier in.

4.4 Ambivalenties als kansen tot verandering

Veranderen gaat niet in een rechte, ononderbroken lijn. Ambivalenties doen zich herhaaldelijk voor; het is belangrijk om daarop voorbereid te zijn – en te kijken wat nodig is om de balans net de andere kant op te doen gaan. Van buiten naar binnen werken, ambivalenties zien als kansen: het speelt min of meer in alle maatschappelijkwerkcontacten, zij het sterker in onvrijwillige.
Wanneer cliënten heftige uitingen van reactance en strategische zelfpresentatie los kunnen laten, komt het herkennen en erkennen van de gesignaleerde problemen enigermate in beeld. Enigermate, want

doorgaans zal er sprake zijn van uitgesproken ambivalente gedachten die heen en weer slingeren tussen 'ik wil wel' en 'ik wil niet'.
De maatschappelijk werker, die zich misschien al reusachtig ingespannen heeft en die qua diagnostisch feitenmateriaal wellicht het gelijk aan zijn kant heeft, heeft de keus zich te richten op de plus- of de minpool van die ambivalentie. Hij kan proberen de veranderingskrachten te versterken of de weerstandskrachten te verminderen. De positieve invalshoek, eerder opmerken dat het glas half vol is dan dat het half leeg is, biedt hier het beste perspectief.
Minjon en Wolters (1988) vergelijken de motivatie van cliënten om iets te doen aan hun overmatig gebruik van alcohol en drugs met een weegschaal die nooit volledig in balans is. Bezorgdheid over de gevolgen van drinken of blowen wisselt steeds af met relativerende opmerkingen (iedereen drinkt of gebruikt wel eens wat; ik heb nu even een spannende tijd). Het is de taak van de hulpverlener een proces op gang te brengen waardoor de weerstandskrachten aan gewicht verliezen en de balans doorschiet in de richting van de veranderingskrachten.

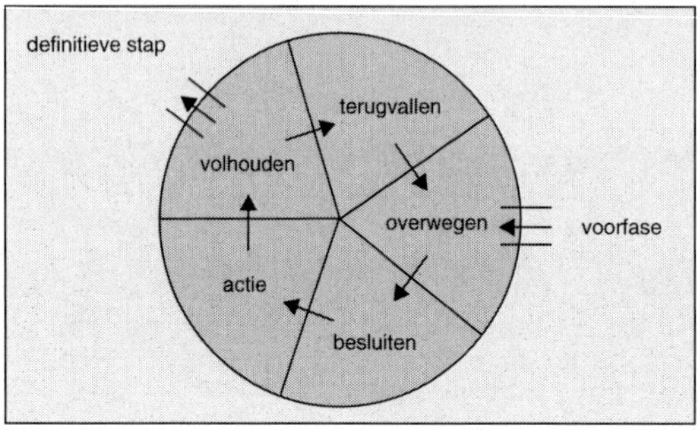

Figuur 1 *Het 'wiel' van verandering, ook wel ambivalentiecirkel genoemd.*

Meegaan in een veranderingsproces kost tijd en energie. Prochaska en DiClemente (1982) onderscheiden in dit proces zeven fasen die zij onderbrachten in een wiel. Die figuur is gekozen om duidelijk te maken dat een definitief 'besluit tot verandering' pas tot stand komt als de cirkel een paar maal doorlopen is. Dit beseffen kan werkers – en cliënten – helpen om niet ontmoedigd te raken.

Opsteker voor rokers
Een andere illustratie van het besluitvormingsproces wordt gegeven in de brochure *Opsteker voor rokers* (Nederlandse Hartstichting, 1998) waarin de verschillende fasen worden beschreven die een overtuigd roker doorloopt bij het veranderen in een ex-roker. Ex-

terne factoren worden hier buiten beschouwing gelaten, maar de parallel zal duidelijk zijn.

- eerst denk je niet aan stoppen, wil je er niet eens aan denken;
- dan begint de gedachte aan stoppen toch door het hoofd te spelen, maar zeg je tegen jezelf: nu nog niet, over een halfjaar of zo;
- vervolgens begin je het stopmoment dichter naar je toe te halen en neem je je voor om het over een maand te doen;
- maar dat moment stel je meestal nog wel een keertje (of twee) uit;
- dan ga je ervan balen dat je niet zonder roken kunt;
- je raakt vastbesloten en bent er helemaal klaar voor;
- en stopt;
- maar vaak blijkt dat je er toch niet helemaal klaar voor was en je valt terug;
- je werkt opnieuw naar stoppen toe, maar hebt wel geleerd van de vorige keer;
- en je stopt opnieuw;
- daarna blijft het nog een halfjaartje spannend, vanwege de kans dat je het toch niet volhoudt;
- maar ben je het eerste halfjaar doorgekomen, dan wordt de kans op terugval steeds kleiner;
- en na een jaar denk je waarschijnlijk helemaal niet meer aan roken.

Voor alle veranderingen in gewoonten, overtuigingen en gedragingen geldt dat het moeilijke opgaven zijn. Als het niet zo zou zijn, waren er minder hulpverleners nodig. Dit vraagt wel van hulpverleners dat zij kortetermijnsatisfactie (de grote verleiding voor degene die probeert te veranderen) en de langetermijnbelangen (die – ook volgens de buitenwacht – op het spel staan) continu op elkaar kunnen betrekken, zonder de ene of de andere pool los te laten. Daarbij is het van belang om cliënten de ruimte te bieden hun ambivalenties te uiten. Hoewel het geven van adviezen aan cliënten die daarom vragen soms op zijn plaats is, heeft hen voorhouden wat zij zouden moeten doen vrijwel altijd een averechts effect. Het volgende gespreksfragment illustreert hoe een maatschappelijk werker in het contact met een cliënte met psychiatrische klachten in deze val loopt.

Werker: 'In het gesprek met de staf van begeleid wonen werd gezegd dat je pas voor een plaats in aanmerking komt wanneer je eerst drie maanden in een groep ...'
Yvonne: 'Ik wil absoluut niet in een groep.'
W: 'Dat wil je dus absoluut niet. Een andere mogelijkheid is dat jij met iemand van het zelfstandigheidstrainingsprogramma bij je ouders thuis oefent om er zeker van te zijn dat jij je in hun programma kunt handhaven. De tijd nadert dat ik aan hen moet opgeven wanneer jij komt.'
Y: 'Ik weet dat ik heb ingestemd om met het trainingsprogramma mee te doen, maar nu ik er de laatste weken over nagedacht heb, wil ik dat niet meer. Ik heb dagelijks met mijn ouders te maken, dat zijn er al twee, en dan krijg ik er nóg eens een paar bij die me komen vertellen wat ik moet doen, hoe ik mijn huis moet schoonhouden. Stomme dingen die ik allang kan! Ik heb geen mensen nodig die mij vertellen hoe ik de boel moet schoonhouden.'
W: 'Dat is duidelijk, maar je weet dat je ervoor gekozen hebt om naar begeleid wonen te gaan en het trainingsprogramma mee te maken. En nu verander je van gedachten?'
Y: 'Ik wil nog steeds naar begeleid wonen, maar ik wil niet dat al die mensen mij gaan vertellen wat ik moet doen, dat zij mij dingen voor gaan doen die ik allang zelf kan.'
W: 'Ik weet dat jij het huis uit wilt, maar op deze manier maak je het wel lastiger.'
Y: 'Maak ik het lastiger?' [boos]
W: 'Op dit punt, ja.'
Y: 'Deze mensen maken het lastig voor mij. Zij maken al die regels waaraan ik me moet houden. Niemand anders moet zich aan die regels houden, alleen ik. Waarom zou ik?'
W: 'Regels horen bij het leven. Als jij iets wilt hebben, zul je er iets voor moeten doen. Zo gaat dat nu eenmaal.'
Y: 'En daar heb ik absoluut geen zin in. Ik kan gewoon thuisblijven en jou heb ik ook niet nodig. Iedereen probeert mij te vertellen wat ik moet doen en jij doet precies hetzelfde.'

4.5 Ondermijnende vooroordelen

Vooroordelen leveren gevaarlijke valkuilen op omdat de drager van de vooroordelen zich er niet van bewust is hoe die zijn gedrag leiden. Waarnemen, oordelen en handelen op basis van vooroordelen is een

risico dat voor alle maatschappelijk werkers met onvrijwillige cliënten (en wie heeft die niet?) op de loer ligt. Vooroordelen kunnen gevoed worden als werkers onvoldoende voorbereid zijn op reactance en strategische zelfpresentatie en de gedragingen zien als individuele of groepseigenschappen. Vaak hangen vooroordelen samen met het gegeven dat een belangrijk deel van de onvrijwillige cliënten hoort bij bevolkingsgroepen die – op het gebied van wonen, werken, huwelijk, gezin en opvoeding – andere maatstaven hebben dan de middengroepen waaruit werkers veelal afkomstig zijn.
De volgende uitspraken van Kraaykamp (1974, p. 39) zijn nog steeds actueel:

> ***'We beginnen nu te beseffen dat de in een samenleving als "algemeen geldend" te boek staande normen de neerslag zijn van de opvattingen van de dominante groepen in die samenleving. Dat kunnen priesteropvattingen zijn, of technologenopvattingen, of kruideniersopvattingen of ambtenarenopvattingen, afhankelijk van die concrete samenleving en de daarbinnen dominante groepen. Het kan ook, zoals in ons kleine landje, een vreemd mengsel zijn van al die opvattingen. Die opvattingen behoeven niet (omdat zij van "dominanten" afkomstig zijn) "slecht" te zijn, maar ze zijn evenmin a priori "goed". Het enige wat we kunnen zeggen is dat zij gelden. Maar het eisen van aanpassing aan het geldende vraagt wel meer legitimering dan alleen de vaststelling dat het geldende geldt. (...) In onze samenleving kunnen we frequent de werking vaststellen van het zogenoemde 'halo-horn-effect', een handeling verricht door iemand met een hoge maatschappelijke positie kan bijvoorbeeld gekwalificeerd worden als "spontaan, origineel en gedurfd", terwijl in essentie dezelfde handeling verricht door iemand met een lage maatschappelijke positie, veroordeeld wordt als "impulsief, onaangepast en ondoordacht".'***

Van groot belang is dat maatschappelijk werkers zich ervan bewust zijn dat zij in hun oorspronkelijke socialisatie opvattingen hebben meegekregen die nog kunnen doorwerken in hun beroepssocialisatie. Uit onderzoek van Ivanoff c.s. (1994) blijkt dat bij maatschappelijk werkers niet zelden onjuiste opvattingen leven over cliënten uit lagere sociaaleconomische klassen. Omdat de contacten tussen werkers en onvrijwillige cliënten hun oorsprong vinden in gesignaleerde tekortkomingen en problemen is het risico aanwezig dat een overwegend negatieve beeldvorming ontstaat of bevestigd wordt. Ivanoff c.s. nuanceren de beeldvorming over gezinnen uit lagere klassen met de volgende opmerkingen.

> ***Hoewel er aanmerkelijke verschillen zijn in woonomgeving en leefstijl van cliënten en onszelf, moet gezegd worden dat de overeenkomsten talrijker zijn dan de verschillen. Wij hebben bijvoorbeeld dezelfde emoties. Soms zijn we (zowel cliënten als werkers) onzorgvuldig in de omgang met de mensen van wie we houden en bezorgen we ze verdriet. Van tijd tot tijd ziet ook ons eigen leven er chaotisch en ongeorganiseerd uit.***
> ***Net als iedereen spannen deze mensen zich in om er het beste van te maken. In de meeste gevallen hebben ze te maken met omstandigheden waarin ieder van ons moeite zou hebben het hoofd boven water te houden.***
> ***Doorgaans hebben mensen niet de bedoeling om elkaar met woorden of daden het leven zuur te maken. Soms missen we de vaardigheden om het anders te doen en is het resultaat dat we mensen pijn doen die ons na aan het hart liggen.***
> ***Meestal zijn gezinsleden op elkaar betrokken. Dat kan soms verborgen zijn onder allerlei pijnlijke ervaringen en soms ervaren ze die betrokkenheid zelf niet meer. Toch zijn er altijd nog bewijzen waar te nemen dat er zorg voor elkaar is en dat men bij het gezin wil horen.***

De zogenoemde oplossingsgerichte benadering is eropuit juist de positieve uitzonderingen in een zee van negatieve ervaringen in het licht te zetten en aan te zetten tot 'meer van datzelfde'.

Als het goed is leren werkers tijdens hun opleiding vragen stellen bij eigen opvattingen, zij leren eigen vooroordelen opsporen en oog krijgen voor overeenkomsten en verschillen tussen mensen. Bij het werken als professional hoort het voortdurend vernieuwen van dit zelfonderzoek, bijvoorbeeld in het kader van intervisie met collega's. Ook op dit vlak is dus een beweging van buiten naar binnen wenselijk, zo niet noodzakelijk. Hoe makkelijk vooroordelen boven komen, vertelde de schrijver Adriaan van Dis in een televisie-interview. Bij een bezoek aan Londen werd hij ernstig ziek en toen hij een zwarte dokter aan zijn bed kreeg, dacht hij in een eerste opwelling: 'Ja maar, ik ben écht ziek en nu wil ik een échte dokter.'
Van professionals mag verwacht worden dat zij zichzelf onderzoeken op vooroordelen, en op hun waarnemingen, interpretaties en handelen ook feedback van anderen durven vragen.

4.6 Gemotiveerd om te motiveren

De maatschappelijk werker die naar binnen kijkt, doet er goed aan van tijd tot tijd ook de eigen motivatie voor het werken met de onvrijwillige cliënt te onderzoeken. De psychiater J.A. Jenner legt de bal wel heel duidelijk bij de werker (Spanjer, 1985): 'Ongemotiveerde patiënten bestaan niet. De kunst van het hulp verlenen is om uit te zoeken *waartoe* zij zijn gemotiveerd. Gemotiveerde therapeuten onderscheiden zich door deze kunst van ongemotiveerde therapeuten'. Jagt en Jagt (2004) vinden dat deze uitspraak ook mag gelden als het over cliënt en maatschappelijk werker gaat.
Onvrijwillige cliënten zijn in elk geval in de beginfase niet of nauwelijks gemotiveerd om aan een hulpverleningsproces deel te nemen. Zeggen dat zij niet gemotiveerd zijn is dus een generalisatie, die misschien best een vooroordeel of een categorisch oordeel mag heten. Want het is gevaarlijk deze cliënten in algemene zin als ongemotiveerd te bestempelen. Elk mens heeft ambities, drijfveren, motieven, hoop en verlangens. De kunst is om ze te zien, ze te erkennen en te onderzoeken waar een startpunt is voor motivational congruence. Het is de kunst gemotiveerd te blijven om te zoeken naar wat de cliënt motiveert en wat daarvan compatibel is met de eigen professionele motieven. Dat is geen simpele opgave, want waar de cliënt zich voor wil inzetten is vaak niet (of nog niet) datgene wat de maatschappij (de instelling, de werker) met de cliënt wil bereiken. Maar er kan iets anders zijn dat eraan raakt – en dat kan een startpunt zijn.

Miller en Rollnick (1991), auteurs van een boek over motiverende gespreksvoering, geven enkele richtlijnen voor hulpverleners die cliënten willen motiveren zich in te zetten voor verandering. Hun advies luidt: werk op empathische wijze. Anders gezegd: accepteer de cliënt met al zijn doen en laten. Dit is niet hetzelfde als het met hem eens zijn of alles goedkeuren wat hij doet en laat. Het gaat erom respectvol naar de cliënt te luisteren met de bedoeling zicht te krijgen op zijn perspectief, zijn zienswijze, zijn overtuiging. Het paradoxale van deze aanpak is daarin gelegen dat dit cliënten de mogelijkheid biedt om te veranderen, zich anders op te stellen. Niet accepteren, confronteren, heeft dikwijls tot gevolg dat cliënten zich gaan verschansen. Aanval roept verdediging op (reactance, strategische zelfpresentatie). Vanuit dit gezichtspunt is empathisch luisteren geen softe, wereldvreemde aanpak, maar een op onderzoek en ervaring gebaseerde strategie die de weg opent voor andere mogelijkheden dan een opeenvolging van aanvals- en verdedigingstactieken. In debat gaan met cliënten past niet in deze strategie. Wie meteen probeert cliënten duidelijk te maken dat zij één of meer problemen hebben waar zij iets aan moeten doen, roept daarmee vrijwel altijd ontkennende reacties op. Dit wordt wel de 'confrontatie-ontkenningsvalkuil' genoemd. Andere valkuilen zijn: de 'deskundigheidsvalkuil' (zegt u maar wat ik moet doen), de 'etiketteringsvalkuil' (denkt u dat ik een alcoholist ben?), de 'schuldvraagvalkuil' (ik denk dat het mijn schuld is). Onnodig te zeggen dat deze valkuilen voorkomen moeten worden.

De 'confrontatie-ontkenningsvalkuil' is het best te voorkomen door open vragen te stellen en vervolgens reflectief te luisteren. De bedoeling van open vragen is dat de cliënt gaat vertellen wat hem bezighoudt. 'Ik begrijp dat u zich zorgen maakt over uw drinkgewoonten. Kunt u daarover meer vertellen?' 'Vertel eens wat u prettig vindt aan het gebruik van cocaïne aan de ene kant en waarover u zich zorgen maakt aan de andere kant.' 'Ik begrijp dat u hier bent om over uw gokken te praten. Kunt u me een beeld schetsen wat het voor u betekent? Wat vindt u prettig aan gokken en wat is de negatieve kant eraan?'

Na de open vraag, de uitnodiging om meer te vertellen, volgt een belangrijk strategieonderdeel: het reflectief luisteren. De essentie daarvan is dat de hulpverlener probeert te achterhalen wat iemand bedoelt. Voordat iemand gaat praten heeft hij een bepaald idee over wat hij wil gaan zeggen. Dit idee, die mededeling, wordt omgezet in woorden, codes, en dat gebeurt dikwijls op onvolmaakte wijze. De luisteraar heeft de opdracht zorgvuldig naar de woorden te luisteren en de bedoeling die erin verborgen zit, te decoderen. Goed beschouwd zijn er in de communicatie drie momenten waarop het verkeerd kan gaan: bij het coderen, bij het luisteren en bij het decoderen. De reflectieve luisteraar probeert zo goed mogelijk te reconstrueren wat de oorspronkelijke bedoeling was en brengt dit onder woorden in de vorm van een *statement*, een uitspraak. Een statement, geen vraag. De reden is dat een 'goed gevormd' statement minder kans maakt weerstanden op te roepen. Vragen naar de bedoeling heeft vaak tot gevolg dat cliënten het contact met die bedoeling verliezen. Zij doen een stap terug en gaan zich afvragen of zij datgene wat zij gezegd hebben ook werkelijk bedoelen.

Om reflectief te kunnen luisteren dient de hulpverlener ook reflectief te kunnen denken. Dit houdt in dat de eigen aannames over wat anderen denken niet per se overeenstemmen met wat zij precies bedoelen. Reflectief luisteren is een manier om te checken of de bedoeling van de ander goed begrepen is, en dus geen mededeling dat de bedoeling van de ander volstrekt duidelijk is. Reflectief luisteren is geen passief pro-

ces. De werker beslist selectief waarop hij reageert en wat hij negeert, waar hij de nadruk op legt en waarop niet.
Ter verduidelijking volgen nu enkele fragmenten uit een praktijkvoorbeeld (Miller & Rollnick, 1991). Een 38-jarige man heeft een eerste gesprek met een hulpverlener over zijn drinkgewoonten. Zowel zijn huisarts als zijn vrouw vindt dat hij te veel drinkt. De man heeft het gesprek zelf aangevraagd. De gespreksfragmenten staan links, rechts staat het commentaar. De werker start.

W: Goedemorgen. Gaat u zitten. U wilt mij spreken over zorgen over uw drinkgewoonten. Wij hebben nu drie kwartier de tijd. Wat ik graag van u wil horen is welke zorgen u zich maakt.	*Korte structurering van de gesprekssituatie en open vraagstelling.*
C: Nou, ik ben er niet zeker van of het echt een probleem is. Mijn vrouw denkt dat ik te veel drink. Mijn huisarts heeft een paar tests afgenomen en daaruit bleek dat ik mogelijk te veel drink. Mogelijk, zei hij, maar vanaf dat moment is mijn vrouw ongerust. Dus heb ik haar gezegd dat ik naar jullie toe zou gaan, maar ik vraag me af of dit nu echt nodig is.	*Cliënt toont direct zijn ambivalentie en een enigszins defensieve houding.*
W: Er zijn dus twee mensen, uw vrouw en uw huisarts, die vrezen dat alcohol misschien uw gezondheid zal schaden. Ik vraag mij af wat u daar zelf van heeft gemerkt. Is u in de afgelopen jaren iets opgevallen waarover u zich zorgen maakt? Kunt u iets vertellen over uw drinken?	*Eenvoudige reflectie. De valkuil van een gesloten vraag met een kort antwoord staat hier wijd open. De verleiding is groot om een serie specifieke vragen te stellen. De werker vermijdt deze valkuil en stelt een aantal open vragen.*
C: Ik vermoed dat ik meer drink dan vroeger. Mijn vrouw zegt dat ik de laatste jaren meer ben gaan drinken.	
W: Dus één ding dat u opvalt is dat u meer drinkt dan voorheen. Wat is u nog meer opgevallen?	*Reflectie en open vraag.*

C: Iets anders zou ik niet weten. Ik ben er niet erg mee bezig. Ik ben zelden dronken.	
W: Dus hoewel u weet dat u meer drinkt dan vroeger, maakt u zich hierover niet meer zorgen.	*Reflectie.*
C: Precies. Ik kan de hele nacht drinken en toch word ik niet dronken. Ik drink anderen makkelijk onder tafel.	
W: Dat is interessant. Welke verklaring heeft u daarvoor?	*Open vraag.*

Uit hetzelfde gesprek enige tijd later:

W: Het moet voor u moeilijk zijn geweest om hierheen te komen. Het is duidelijk dat u zorgen heeft om uzelf en uw gezin. Ik waardeer dat u er zo openhartig over bent. Het is niet gemakkelijk om zo'n stap te nemen.	*Bevestiging.*
C: Het was heel moeilijk. Eerlijk gezegd was ik eerst niet van plan om te komen. Maar denkt u dat ik een alcoholist ben?	
W: Dat is een woord dat voor verschillende mensen verschillende betekenissen heeft. Ik denk dat het niet zinvol is om ons bezig te houden met wat voor etiket u op uzelf zou willen plakken. Wat nu van belang is dat we helder krijgen wat er precies met u aan de hand is. Ik zie waarom u zich zorgen maakt, ik wil u helpen duidelijk te krijgen welke risico's u loopt en – het belangrijkste – wat u eraan zou kunnen doen.	*Hier staat de 'etiketteringsvalkuil' wijd open. Deze vraag met 'ja' beantwoorden zou weerstanden kunnen oproepen en tot discussie aanleiding geven. In plaats daarvan herformuleert de maatschappelijk werker het onderwerp en richt de focus op de taak waar ze mee bezig zijn: het exploreren van het drinkpatroon van de cliënt en de gevolgen ervan.*

Gemotiveerd blijven om te zoeken naar wat de cliënt motiveert, hoopvol zijn en welbewust kiezen voor interventies zonder daarvan

wonderen te verwachten: het maakt allemaal deel uit van de professionaliteit die van hulpverleners wordt verwacht. Er is niet zo veel nodig om aarzelende cliënten te laten afhaken, laat staan om cliënten die zich min of meer bedreigd voelen nog verder in de gordijnen te jagen. Maatschappelijk werkers die de eerder besproken valkuilen niet voorkomen, of even ambivalent zijn als hun cliënt, geven het hulpverleningscontact geen kans.
Daarbij nog een laatste kanttekening, want het gaat niet aan de bal volledig bij de werker te leggen. Maatschappelijk werkers die veelvuldig optrekken met (het lijkt soms *tegen*) onvrijwillige cliënten, lopen een grote kans op burn-out als hun instelling geen adequate condities biedt. De instelling dient te zorgen voor optimale voorwaarden op het gebied van leiding en begeleiding, (collegiale) consultatie, deskundigheidsbevordering en toegespitst hulpverleningsbeleid. De verantwoordelijkheid voor het op peil houden van de motivatie van de werker ligt bij hemzelf en zijn instelling *samen*. Als instelling en werker in deze geen partnerschap aangaan, hoe kan dan van de werker verwacht worden dat die dat met de cliënt wél van de grond krijgt?

Na bestudering van dit hoofdstuk kan de lezer:

- **duidelijk maken wat onder reactance en strategische zelfpresentatie wordt verstaan en er voorbeelden van geven;**
- **aangeven hoe adequaat op reactance en strategische zelfpresentatie kan worden gereageerd (te demonstreren met voorbeelden);**
- **eigen ervaringen met reactance beschrijven en twee voorbeelden geven van strategische zelfpresentatie die kenmerkend zijn voor het eigen repertoire;**
- **in een concrete situatie een stapsgewijze benadering ontwerpen die beoogt extrinsieke motivatie (op kleine onderdelen) om te zetten in intrinsieke motivatie;**
- **voorbeelden geven van het werken aan motivational congruence;**
- **met gebruikmaking van de ambivalentiecirkel een beeld schetsen van een eigen ambivalentieontwikkelingsproces;**
- **beschrijven welke vooroordelen voor hem op de loer liggen in verband met zijn eigen socialisatie;**
- **aangeven hoe hij zichzelf als professional continu op vooroordelen kan screenen;**
- **aan de hand van een praktijksituatie een beeld schetsen van de spanning tussen eigen waarden en normen en die van een bepaalde onvrijwillige cliënt;**
- **een beargumenteerde reactie geven op de stelling 'ongemotiveerde cliënten bestaan niet'.**

Werken op twee sporen 5

5.1 Inleiding

In dit hoofdstuk is het uitgangspunt dat alle hulpverlening zowel emanciperende als disciplinerende aspecten kent. Dat geldt voor verschillende hulpverlenende beroepen en evenzeer voor de verschillende hulpverleningsvormen in het maatschappelijk werk die in paragraaf 5.2 schematisch worden geordend naar de mate waarin directiviteit, drang en dwang er deel van uitmaken. Zoals te verwachten valt, correspondeert dit met de mate waarin de cliënt onvrijwillig in zijn rol belandt, en ook met de methodische aanpak van de werker. Hoe globaal het schema ook is, duidelijk valt af te lezen dat op het spectrum vrijwillig-onvrijwillig verschillende methodische benaderingen naast elkaar worden gebruikt. Naarmate contacten meer opschuiven naar de pool van onvrijwilligheid, valt het accent sterker op de disciplinerende benadering – al staat die altijd in verbinding met de emanciperende of empowermentbenadering.
De maatschappelijk werker werkt op twee sporen (5.3), heeft een dubbele loyaliteit, is er voor de belangen van de cliënt en voor de belangen van de maatschappelijke omgeving van de cliënt. Rolverduidelijking aan de cliënt (5.4) is in alle gevallen nodig, maar zeker in onvrijwillige contacten een absolute must. Het gaat dan natuurlijk altijd om verduidelijking van de rol van de werker in relatie tot de rol van de cliënt.
In het vervolg van hoofdstuk 5 worden met name disciplinerende aspecten van de benadering van de maatschappelijk werker besproken: het tweede spoor. De *pro-social*benadering geeft aan hoe de maatschappelijk werker in zijn gesprekken met de cliënt zo direct mogelijk gewenst (= in het hulpverleningscontract overeengekomen) gedrag bekrachtigt en ongewenst gedrag als zodanig benoemt, terwijl hij tevens respectievelijk de gewenste of ongewenste consequenties ervan laat zien (5.5). Die consequenties komen soms van buiten het hulpverleningssysteem, als meer of minder te voorzien gevolg van gedragingen

van de cliënt, maar soms zijn ze ook door het hulpverlenend systeem ingebouwd en worden ze benut als hefboom tot verandering. Werken met sancties (door de rechter, door dienstverlenende of voorzieningen beherende instanties, of door de instelling voor maatschappelijk werk zelf) is aan de orde in de laatste paragraaf (5.6) van dit hoofdstuk.

5.2 Hulpverleningsvormen, emancipering en disciplinering

De grenzen tussen vrijwillige en onvrijwillige hulpverlening zijn niet altijd scherp te trekken. Er zijn vloeiende overgangen en ook de variaties in dwang en drang zijn talrijk. Het volgende schema, geïnspireerd door het schematisch overzicht van de verantwoordelijkheidsdimensie van Van den Berg (1997, p. 119) geeft een globaal overzicht van de verschillende hulpverleningsvormen in het maatschappelijk werk naar de mate waarin directiviteit, drang en dwang er deel van uitmaken.
Zes categorieën cliënten worden onderscheiden, variërend van (bijna) geheel vrijwillig tot (bijna) geheel onvrijwillig in de beginsituatie. Dat laatste, 'in de beginsituatie', moet er wel bij gezegd worden want al werkend kunnen er verschuivingen optreden in de mate van vrijwilligheid. Het, veelal utopische, ideaalbeeld van de maatschappelijk werker is de cliënt die gedwongen start, maar na verloop van tijd intrinsieke motivatie heeft ontwikkeld. Honderd procent intrinsieke motivatie is natuurlijk zeldzaam; hoe vaak zijn werkers voor de volle honderd procent voor iets gemotiveerd?
Een nadeel van het schema is dat het statisch is en alleen grove verschillen in beeld brengt. Zichtbaar wordt echter wel dat de methodische benadering van de werker (in de middenkolom) veel constanten kent. Wanneer het contact tussen maatschappelijk werker en cliënt meer elementen van drang en dwang bevat, zullen meer disciplinerende elementen een plaats krijgen in de benadering en zal de maatschappelijk werker uitdrukkelijker het maatschappelijk belang benoemen. Wanneer vooral *dat* accent in de volgende paragrafen van dit hoofdstuk aan de orde is, moet dit gezien worden in de bredere context van op empowerment gerichte methodische benaderingen van het maatschappelijk werk.
Hierna wordt in grote lijnen beschreven in welke mate en hoe sturing en disciplinering worden toegepast bij de zes categorieën cliënten uit het schema. Enige relativering is – ook bij het lezen van het schema – gepast omdat er vloeiende overgangen zijn.

Tabel 1 Schema van hulpverleningsvormen in het maatschappelijk werk naar de mate van directiviteit, drang en dwang, bij zes categorieën cliënten, variërend van (bijna) geheel vrijwillig tot (bijna) geheel onvrijwillig in de beginsituatie

hulpverleningsvorm	methodische vaardigheden	categorie cliënten
1 non-directieve hulpverlening	• spiegelen, samenvatten, reflecteren, begrip tonen, invoelen (empathie uitdrukken), veiligheid bieden, vertrouwen geven, cliënt eigen spoor laten volgen	vrijwillige cliënten die sterk gericht zijn op zelfonderzoek, zelfontdekking, introspectie
2 directieve hulpverlening	• selectie van vaardigheden uit blok 1 plus structuur bieden, gezamenlijk vaststellen van probleem, doelen, werkwijze • participatie en activering van cliënten staan voorop • essentieel is het werken met 'directieven' (taken, opdrachten)	vrijwillige cliënten die meer gericht zijn op 'doen' dan op zelfonderzoek
3 hulpverlening op basis van drang uit het sociale netwerk	• selectie van vaardigheden uit blok 1 en 2 • exploreren van de reacties op het 'gestuurd zijn' • exploreren van eigen belangen om aan het hulpverleningsproces deel te nemen	sociaal onvrijwillige cliënten die gestuurd zijn door relaties uit het sociale netwerk (partner, werkgever, wijkagent)
4 bemoeizorg, outreaching casework, assertieve hulpverlening	• selectie van vaardigheden uit blok 1 en 2 • inventariseren en toetsen van signalen, zelf naar cliënten toe gaan en contact maken, nut bewijzen, adequaat reageren op reactance en strategische zelfpresentatie, onderhandelen over herkennen en erkennen van problemen	sociaal onvrijwillige cliënten die afglijden, achterblijven, verloederen sociaal onvrijwillige cliënten die overlast bezorgen of een gevaar voor anderen vormen cliënten van ingebouwd maatschappelijk werk (in ziekenhuizen, verpleeginrichtingen en bedrijven)
5 voorwaardelijke hulpverlening	• selectie van vaardigheden uit de blokken 1, 2, 3 en 4 • werken binnen een voorwaardelijk kader (voorwaarden vaak door derden vastgesteld), werken met een contract, grenzen stellen, confronteren met consequenties van het niet-nakomen van het contract, werken met belonen en straffen *N.B. voorwaarden zijn doorgaans duidelijk omschreven vormen van actieve participatie in een hulpverleningsproces dat de causale problemen aanpakt*	sociaal onvrijwillige cliënten die – op voorwaarden van de hulpverlenende instantie en/of een samenwerkende instantie die voorzieningen verschaft – hulp krijgen bij het voorzien in of behouden van basale levensbehoeften
6 gedwongen hulpverlening	• selectie van vaardigheden uit de blokken 1, 2, 3, 4 en 5 • contact maken binnen het wettelijk kader, werken met rolverduidelijking en prosocial benadering (zie 5.4 en 5.5)	wettelijk onvrijwillige cliënten die onder dreiging van of op basis van een rechterlijke uitspraak een hulpverleningscontact aangaan met een jeugdbeschermingsinstelling of de reclassering

1 Het sturende element zit hier in het feit dat de werker kiest voor het non-directieve model, een keuze die niet altijd expliciet met cliënten wordt besproken. Tevens moet niet onderschat worden dat ook non-directieve werkers via hun selectieve verbale en non-verbale reacties wel degelijk een sturende invloed hebben.
2 Cliënten krijgen een duidelijke structuur aangeboden waarbij zo snel mogelijk wordt vastgesteld waaraan gewerkt zal worden, op welke manier en met welke doelen. Alle sturende en/of disciplinerende aspecten (aandrang tot participeren in de probleembenoeming en het stellen van doelen, werken met taken of opdrachten) worden met de cliënt besproken.
3 Het disciplinerende aspect in de aanpak (behalve het gestuurd zijn door een ander) zit in de aandrang van de werker om gedachten en gevoelens van de cliënt over dat gestuurd zijn te (laten) expliciteren en vervolgens te exploreren welk belang de cliënt zelf heeft bij deelname aan het hulpverleningsproces. Drang blijft aanwezig in het 'over de schouder' meekijken van de aanbrenger.
4 Het sturende zit primair in het gegeven dat signalen uit de omgeving over 'uit de boot vallen' van de cliënt voor de werker aanleiding zijn om contact te leggen. Stappen in het proces worden zo mogelijk gezamenlijk genomen. Afhankelijk van de mate van overlast of gevaar voor de cliënt zelf of anderen zullen de disciplinerende aspecten meer of minder bepalend zijn.
5 In deze categorie vallen cliënten die hulp ontvangen op het vlak van basale bestaansvoorwaarden (inkomen, huisvesting), vaak nadat zij aan de rand van een crisis zijn geraakt. Zij ontvangen (gewenste) hulp op dit vlak, onder voorwaarde dat zij actief en op welomschreven wijze meewerken aan het oplossen van de causale problemen, iets waar zij meestal niet om vragen. De gestelde voorwaarden sturen bijvoorbeeld in de richting van het aanleren van vaardigheden op het gebied van budgetteren, als gezin onderhandelen over uitgaven in plaats van de gebruikelijke elk-wat-wilsbenadering, het deelnemen aan een arbeidsbemiddelingstraject en werken aan het verminderen van faalangst. De sturing is duidelijk gericht op empowerment, maar toezicht op het nakomen van de voorwaarden is een disciplinerend aspect.
6 Bij deze cliënten is sprake van een gedwongen kader, door de rechterlijke uitspraak zijn hun handelingsmogelijkheden beperkt. De hulpverlening bij de jeugdbescherming wordt gestuurd door de opdracht om opvoedingsgedrag te veranderen, waarna als 'beloning' opheffing van de beperkende maatregel kan volgen. Bij cliënten van de reclassering is het hulpverleningsaanbod vooral gericht op het

voorkomen van recidive. Cliënt en werker zijn gehouden aan het gedwongen kader, dat op zich al een disciplinerend element is. Een sturend element is tevens de controle van de opdrachtgever op het nakomen van de opdracht.

5.3 Twee sporen

Uit het schema in de vorige paragraaf blijkt dat hulpverleningsactiviteiten complexer worden naarmate maatschappelijk werkers meer in de verantwoordelijkheden van cliënten treden. De complexiteit wordt groter doordat de kaders waarbinnen gewerkt wordt, belangen bij elkaar brengen die in de praktijk soms moeilijk met elkaar te verenigen blijken: het belang van kinderen (die gevaar lopen) met het belang van de ouders (die in hun ouderlijk gezag worden beperkt), het belang van een sociaal netwerk waarvan de cliënt min of meer deel uitmaakt (en dat zorg om of last heeft van het gedrag van de cliënt) en het zelfbeschikkingsrecht van die cliënt, het belang van schuldeisers en het belang van cliënten met schulden. Werken met onvrijwillige cliënten betekent altijd werken in een kader waarbij niet alleen de cliënt maar ook derden (personen, instanties, gezaghebbende vertegenwoordigers van de maatschappij zoals de rechter) betrokken zijn die het hulpverleningsproces mede richting geven.

In vrijwel alle hulpverleningsvormen is sprake van emanciperende en disciplinerende aspecten, die in een spanningsvolle verhouding tot elkaar staan. Bij emanciperende hulpverlening is het streven de mogelijkheden van de cliënt te mobiliseren en intact te houden of zelfs uit te breiden, zodat hij – als mens en als burger – meer greep krijgt op het eigen bestaan (Van Riet, 2006).

Er is grond voor disciplinerende hulpverlening wanneer de cliënt nalaat zijn maatschappelijke verantwoordelijkheid te nemen en/of zijn eigen mogelijkheden gebruikt op een voor de samenleving (en uiteindelijk voor hemzelf) destructieve wijze. Disciplineren houdt dan in: de cliënt zó sturen in de richting van maatschappelijk verantwoord(elijk) gedrag dat voor beide 'partijen' een win-winsituatie ontstaat. Voor alle duidelijkheid: deze omschrijving houdt niet in dat alleen de cliënt zou moeten veranderen; immers ook het signaleren en beïnvloeden van omgevingsfactoren behoort tot de taken van het maatschappelijk werk.

Sturing en disciplinering zijn in elke aanpak van maatschappelijk werk traceerbaar, zoals ook blijkt uit het schema in paragraaf 5.2. Maar bij overwegend onvrijwillige hulpverlening is het disciplinerende aspect natuurlijk veel duidelijker aanwezig, het voegt als het ware een dimen-

sie toe. Toch is het wezenlijk voor maatschappelijk werk dat de verbinding tussen emancipatie en disciplinering gehandhaafd blijft, omdat het opereert op het snijvlak van individu en samenleving. Als op basis van gedeelde belangen van cliënt en samenleving gekozen wordt voor hulpverlening onder dwang of drang, dan mag dit niet leiden tot een aanpak waarbij een van beide sporen (emancipatie of disciplinering) wordt veronachtzaamd. In het ene geval wordt onvoldoende recht gedaan aan het persoonlijke belang, in het andere geval wordt onvoldoende recht gedaan aan het samenlevings- of omgevingsbelang.
Werken op twee sporen dus, zowel met betrekking tot de structuur (hulp verlenen en toezicht houden) als met betrekking tot de inhoud (agenda van de cliënt en agenda van de maatschappelijk werker, instelling of opdrachtgever). Feit is dat juist dit werken op twee sporen in de praktijk problemen oplevert. Zowel Suurmond en Hoogsteder (1998), Menger en Meijerink (1999) als Trotter (1999) maken melding van werkers die zich uitsluitend baseren op ofwel de agenda van de cliënt ofwel de agenda van de werker (de instelling, de opdrachtgever) en zodoende de verbinding tussen beide uit het oog verliezen. Ook komt het voor dat ze eerdere afspraken over hun opdracht binnen het kader van een ondertoezichtstelling of een schuldhulpverlening gaan afzwakken – ze kiezen dan voor één spoor en vergeten de verbinding. In het eerste geval (baseren op agenda cliënt) ontkomt de werker er niet aan om na verloop van tijd toch zijn eigen agenda (die van de instelling, de opdrachtgever) op tafel te leggen. Veelal gaat dit ten koste van zijn geloofwaardigheid en het vergroot het risico dat cliënten voortijdig afhaken. In het tweede geval wordt de cliënt gereduceerd tot object van bemoeienis en is de kans op werken 'van buiten naar binnen' minimaal. Werkers die erin slagen de twee sporen met elkaar te verbinden en voortdurend te wisselen van focus, boeken hiermee resultaten (Trotter, 1999). Er is een zekere parallel met het begrippenpaar responsieve en systematische communicatie (Jagt & Jagt, 2004). Responsieve reacties van de maatschappelijk werker sluiten aan bij wat de cliënt op dat moment als zijn belang naar voren brengt; systematische reacties zetten dat in een breder kader van gezamenlijk overeengekomen doelen waarin omgevingsbelangen meegenomen zijn.
Werken op twee sporen is kenmerkend voor het maatschappelijk werk, maar is moeilijker te realiseren naarmate de sporen verder uit elkaar liggen. Daarnaast is er een zekere beduchtheid voor disciplinering, omdat dat te veel aan paternalisme doet denken. Dat is slechts terecht wanneer 'het andere spoor' wordt losgelaten.

Trotter (1999) deed in Australië onderzoek naar *involuntary clients* van de jeugdbescherming en reclassering. Op grond daarvan werkte hij vooral de 'extra' dimensie uit die het werken met onvrijwillige cliënten vraagt. Van meet af aan wil hij de cliënt duidelijkheid verschaffen over de twee sporen. Twee belangrijke instrumenten voor de maatschappelijk werker die met onvrijwillige cliënten werkt zijn rolverduidelijking en de pro-socialbenadering.

5.4 Rolverduidelijking

De keuze van Trotter (1999) voor rolverduidelijking is gebaseerd op het uitgangspunt dat in de jeugdbescherming, verslaafdenzorg en de geestelijke gezondheidszorg verduidelijking van de rol van de maatschappelijk werker en het voorbereiden van cliënten op hun rol, de sleutel is voor effectieve hulpverlening. Cliënten hebben hulp nodig bij het cliënt worden. De potentiële cliënt wordt pas cliënt wanneer hij begrijpt en accepteert hoe de werker hem kan helpen en wat van hem in het proces wordt verwacht.
Het begrip 'rolverduidelijking' dat Trotter hanteert, komt in hoge mate overeen met de condities die Rooney (1992) noemt voor het bereiken van motivational congruence. De eerste opgaaf voor de maatschappelijk werker is duidelijk te zijn over zijn eigen tweesporigheid: het spoor van de cliëntbelangen en dat van de – kortweg gezegd – maatschappelijke belangen. Bij rolverduidelijking hoort verder uitdrukkelijk dat de werker:

1 duidelijk maakt waarover wel en waarover niet kan worden onderhandeld;
2 duidelijk aangeeft of hij zelf hulpverlening biedt aan de cliënt of meer als casemanager gaat optreden;
3 de verwachtingen van de cliënt bespreekt en de manier waarop met afspraken zal worden omgegaan;
4 de aard van de werkrelatie verduidelijkt: is de werker vriend of vijand of geen van beide?
5 in voor de cliënt begrijpelijke termen uitlegt wat de theoretische achtergrond van de benadering is.

Ad 1 Waarover wel en waarover niet kan worden onderhandeld

Als een ondertoezichtstelling wordt uitgesproken betekent dat niet dat ouders niets meer in te brengen hebben. Feitelijk houden zij het ouderlijk gezag, maar dit gezag wordt gedeeld met de maatschappelijk werker of gezinsvoogd, die op basis van gegronde externe klachten over de ouder-kindrelatie de ouders helpt de aanleiding tot de klachten

weg te nemen. Dit wil dus niet zeggen dat de ouders hun hele opvoedingsaanpak op de helling moeten zetten. In de praktijk zal dit ook niet haalbaar zijn. De inbreng van de ouders in de opvoeding blijft voor een belangrijk deel gehandhaafd, maar dient op niet onbelangrijke onderdelen bijgestuurd te worden. Ouders kunnen de inbreng van een gezinsvoogd afwijzen of saboteren, maar lopen dan het risico dat zij het ouderlijk gezag kwijtraken.
Bij cliënten van de reclassering kan de vrijheidsbeperking ingrijpend zijn, zonder dat dit wil zeggen dat zij geen keuzen meer kunnen maken. Als zij ingesloten zijn op een politiebureau na arrestatie, kunnen zij de aangeboden vroeghulp accepteren of afwijzen, zij kunnen wel of niet meewerken aan het maken van een voorlichtingsrapport, zij kunnen zich wel of niet houden aan de voorschriften voor het uitvoeren van taakstraffen, wel of niet deelnemen aan bepaalde programma's, enzovoort.
Cliënten die gebruik maken van schuldhulpverlening zien zich in hun bestedingspatroon ernstig beknot, maar daar staat tegenover dat zij in hun huis kunnen blijven wonen en niet meer belaagd worden door schuldeisers. Zij kunnen niet meer kiezen welke auto zij willen hebben, want de auto moeten zij wegdoen, maar zij kunnen wel kiezen tussen fiets of openbaar vervoer. Vrijetijdsbesteding, eetgewoonten, omgang met familie, veel leefgebieden zullen door de financiële beperkingen worden beïnvloed; toch blijven cliënten over het merendeel van hun leven zelf de zeggenschap houden.
Rolverduidelijking houdt hier in dat cliënten duidelijk voor ogen staat waarover zij nog wel zeggenschap hebben en waarover niet, welke keuzen zij nog zelf kunnen maken en welke niet. Ook moet het voor de cliënt duidelijk zijn onder welke condities en binnen welk tijdsbestek verandering in de zin van rolverruiming mogelijk is.

Ad 2 Hulpverlener of casemanager

Vaak zijn bij onvrijwillige cliënten verschillende hulpverleners betrokken en functioneert een maatschappelijk werker als casemanager. Het directe uitvoerende werk wordt dan door andere hulpverleners van de eigen of andere instellingen gedaan. Dit is onder meer het geval bij de reclassering, waar cliënten verschillende leerroutes kunnen volgen en de reclasseringsmedewerker verantwoordelijk is voor het totale plan van aanpak en voor bewaking van de uitvoering daarvan.
Cliënten moeten goed weten vanuit welke positie een werker zich met hen bemoeit en wat zijn inbreng is in het totaal van het aanbod.

Ad 3 Verwachtingen van de cliënt

Of het nu de eerste keer is dat een cliënt met een hulpverlener te maken krijgt of dat het gaat om het zoveelste contact, cliënten hebben uit eigen ervaring of van horen zeggen een beeld van wat hen te wachten staat. Willen cliënt en werker werkelijk bij elkaar aansluiten, dan is het nodig dat de verwachtingen van de cliënt op tafel komen en dat misvattingen worden rechtgezet. Dit kan inhouden dat eerdere ervaringen van cliënten worden doorgesproken.

Ad 4 Aard van de werkrelatie

Een belangrijk thema betreft de aard van de werkrelatie: is de werker een vriend of een vijand of iets ertussenin? In een onderzoek (Trotter, 1993) naar cliënten van de reclassering werd hen gevraagd hoe zij de rol van de werker zagen: toezichthouder, vriend, advocaat, hulpverlener, adviseur, politieman of gevangenbewaarder. De uitslag was: 61 procent toezichthouder, 51 procent hulpverlener, 47 procent vriend. De vragen werden niet voorgelegd aan de maatschappelijk werkers, maar het lijkt onwaarschijnlijk dat zij hun cliënten als vrienden beschouwen. De professionele samenwerkingsrelatie heeft zeker persoonlijke elementen, maar bestaat bij de gratie van een extern doel; is dat doel bereikt, dan wordt de relatie afgerond. Een vriend daarentegen kan men hebben voor het leven (al is 'ontvrienden' tegenwoordig een werkwoord). Hierover kunnen beter geen misverstanden bestaan. Vooral bij langer durende contacten waarin de rollen vaag gelaten zijn, is er een risico dat de cliënt zich teleurgesteld afwendt wanneer de werker geen vriend blijkt.

Ad 5 Globale uitleg over de benadering

Wellicht kenmerkend voor *social work* in de Angelsaksische landen is dat (sommige) cliënten willen weten welke achtergrond de hulpverlener heeft en vanuit welke theoretische concepten hij werkt. Ivanoff c.s. (1994) zijn van mening dat cliënten het recht hebben geïnformeerd te worden over de theoretische concepten waarop de interventies van de werker zijn gebaseerd. Als Nederlandse maatschappelijk werkers de cliënt informeren over de rol die zij vervullen, kunnen zij – bijvoorbeeld op basis van dit boek – tekst en uitleg geven over hun werkwijze, en cliënten in de gelegenheid stellen daarover vragen te stellen. Een en ander vraagt op zijn minst dat de maatschappelijk werker het eigen beroeps- en functieprofiel helder heeft en met name de dubbele loyaliteit of de eigen 'tweesporigheid' voor de cliënt kan vertalen. Werkers in de gezinsvoogdij kunnen zich tevens baseren op het *Handboek Deltamethode Gezinsvoogdij* (Van Montfoort & PI Research, 2008), werkers in de jeugdreclassering op het *Handboek methode Jeugdreclassering* (Vogelvang, 2005) en reclasseringswerkers op het vernieuwde *Handboek Reclassering*.

5.5 Pro-socialbenadering

De tweede pijler van het geïntegreerde model van Trotter is de pro-socialbenadering.[1] Deze benadering houdt in dat je als maatschappelijk werker alert bent op wat je hoort en ziet bij cliënten aan uitingen en reacties waaruit zorg voor en betrokkenheid op anderen (kinderen, partner, buren) blijkt en vervolgens uiting geeft aan je waardering voor die reacties. Als er sprake is van antisociale uitingen en reacties laat je ondubbelzinnig merken dat je het met die uitingen en reacties niet eens bent.
Op het eerste gezicht lijkt de pro-socialbenadering iets voor moraalridders. Dat gevaar is snel aanwezig wanneer gedragingen die samenhangen met normen en waarden in onze samenleving in het geding zijn. Het wordt als betuttelend en moralistisch ervaren als mensen zich gaan bezighouden met andermans stijl van opvoeden, hun financieel beheer, hun omgang als partners, hun seksuele voorkeuren, hun wooncultuur, hun manier van muziek maken, hun omgang met mijn en dijn, hun manier van rotzooi schoppen. Als anderen daar last van hebben of er schade van ondervinden dan is dat jammer, maar, zo is een veelvoorkomende reactie, dat is dan hun probleem. Althans in eerste aanleg, want als de schade die anderen van deze gedragingen ondervinden te groot wordt en die gedragingen veelvuldig voorkomen, komen er dikwijls reacties vanuit het sociale netwerk (personen, instanties) en worden pogingen in het werk gesteld om de schade te beperken. Het resultaat van die pogingen kan zijn dat een maatschappelijk werker de opdracht krijgt om ouders die hun kinderen mishandelen duidelijk te maken dat dit niet kan en dat andere opvoedingsmethoden gebruikt dienen te worden.
Brinkman (2000, p. 130) zet dit gegeven in een breder kader: 'Mensen leven immers niet in een sociaal vacuüm. Het respecteren van grondrechten van anderen is een halve werkelijkheid. Mensen hebben elkaar ook nodig. In dit onvermijdelijke interpersoonlijke verkeer is altijd sprake van verschillende belangen, van overleg en van onderhandeling. Het is daarom geen vraag of je van cliënten aandacht mag opeisen voor de belangen van de samenleving, hemzelf, familieleden, om-

1 De termen *pro-social* en prosociaal, *anti-social* en antisociaal (resp. Engels en Nederlands) worden hier zonder betekenisverschil door elkaar gebruikt.

standers en hulpverleners. Deze belangen zijn al aanwezig.' Of, zoals Heerma van Vos (1993) het formuleert: 'Niemand wil grenzen, maar iedereen heeft er recht op dat anderen die stellen en dat die anderen bestreden mogen worden.'

Pro-socialbenadering paternalistisch?

Als met de pro-socialbenadering wordt gewerkt, kan de maatschappelijk werker dan paternalistisch en normerend optreden worden verweten? Dat is te makkelijk. In de eerste plaats gaat het niet om de persoonlijke normen van de hulpverlener, maar om algemeen geldende normen en in de tweede plaats is de pro-socialbenadering niet paternalistisch in die zin dat de cliënt van bovenaf een nieuw gedragspatroon opgelegd krijgt. Wat wel gebeurt is dat de cliënt systematisch, stap voor stap, ondersteund, gestimuleerd, uitgenodigd wordt alternatieven te ontwikkelen voor het gedrag en de uitingen waarmee hij schade aan anderen (zijn kinderen, partner, buren) of zichzelf toebrengt en die hem als cliënt in beeld hebben gebracht. Gedrag en uitingen die tot schade leiden worden systematisch afgewezen, maar pogingen tot het ontwikkelen van ander gedrag – soms op basis van nieuw aan te leren vaardigheden – worden systematisch ondersteund. Het hulpverlenersgedrag is dus inderdaad normerend in de zin dat het zich bezighoudt met het versterken van positieve en het afwijzen van negatieve gedragingen. De wijze waarop dat gebeurt kan worden gekarakteriseerd als 'zorgvuldige hulpverlening' (Van der Laan, 1990; Van den Bersselaar, 1999). Er is aandacht voor de feiten, belevingen en normen die in de situatie spelen en daarmee voor de belangen van alle betrokkenen.

De pro-socialbenadering is gebaseerd op behavioristische theorieën. Uitgegaan wordt van de vooronderstelling dat mensen worden beïnvloed door gedrag van anderen en door positieve en negatieve bekrachtiging van hun eigen gedrag. Basisuitgangspunt is: als gedrag wordt beloond, is er een redelijke kans dat het herhaald wordt of zich verder gaat ontwikkelen. Sterk punt van de door Trotter voorgestane aanpak, waarvan rolverduidelijking en de pro-socialbenadering belangrijke pijlers zijn, is dat uitvoerig onderzoek de werkzaamheid ervan heeft aangetoond. Recidive onder reclasseringscliënten bleek aanmerkelijk minder voor te komen bij cliënten die op deze manier waren benaderd dan bij een controlegroep.

De pro-socialbenadering kent de volgende onderdelen:

1 herkennen van prosociale uitingen en gedragingen;
2 belonen van prosociale uitingen en gedragingen;

3 voorbeeldgedrag van de maatschappelijk werker;
4 tegengaan van antisociale of procriminele uitingen en gedragingen.

Ad 1 Herkennen van prosociale uitingen en gedragingen

Veelal is het herkennen van prosociale gedragingen niet moeilijk. Wanneer ouders die zich aan kindermishandeling hebben schuldig gemaakt, laten zien dat zij zich bewust zijn van de schade die zij hebben toegebracht en nieuw gedrag uitproberen, is dat een prosociale gedraging. Dat nieuwe gedrag kan er bijvoorbeeld uit bestaan dat men oog krijgt voor de lichamelijke behoeften van kinderen (die nu bijvoorbeeld regelmatig een schone luier krijgen) en belangstelling toont voor hun schoolprestaties. Als cliënten moeite moeten doen om afspraken met de maatschappelijk werker na te komen, is het van belang het op te merken als ze inderdaad komen.
Het is niet altijd eenvoudig om uit te maken wat prosociaal is en wat antisociaal. Als een moeder die wegens verwaarlozing van haar kinderen contact met de kinderbescherming heeft en vertelt dat haar nieuwe vriend haar gelukkig helpt bij de opvoeding van de kinderen en Jantje een flinke tik heeft gegeven, is het de vraag of de maatschappelijk werker dit als prosociaal of antisociaal zal labelen.

Ad2 Belonen van prosociale uitingen en gedragingen: positieve sanctionering

Het uitgangspunt is: als gedrag wordt beloond, is er een redelijke kans dat het herhaald wordt of zich verder gaat ontwikkelen. Het toezeggen van een beloning op termijn werkt minder goed dan het geven van een beloning direct volgend op het specifieke gedrag. Beloningen zijn het meest effectief als zij passen bij de omstandigheden; zij moeten niet te klein maar ook niet te groot zijn. Beloningen die gebruikelijk zijn in de 'natuurlijke' omgeving van de cliënt werken het beste. Beloningen variëren werkt beter dan altijd dezelfde beloning geven.

Uiten van waardering

Een effectieve wijze van belonen is het uiten van waardering. Het is van belang om daarbij concreet en specifiek te zijn. Als de cliënt die moeite moet doen de afspraak na te komen, tijdig verschijnt, kan de waardering luiden: 'Ik ben blij dat het u gelukt is om hier op tijd te zijn en dat u de laatste afspraken hebt kunnen nakomen; het is duidelijk dat u het serieus neemt.' Waardering die op deze wijze wordt uitgesproken is krachtiger dan zeggen: 'Goed dat u er bent.'
Omdat een beloning altijd wordt gekoppeld aan specifiek gedrag van de cliënt, is het belangrijk dat de maatschappelijk werker prosociale

activiteiten en uitingen van de cliënt nauwgezet registreert en er ook systematisch op reageert. Een beloning kan velerlei vormen hebben en bijvoorbeeld bestaan uit huisbezoek aan de cliënt in plaats van de cliënt op het bureau te laten komen (gesteld dat dit strookt met de instellingsprocedures). De cliënt moet dit natuurlijk zelf op prijs stellen en het moet ook als een blijk van waardering worden gepresenteerd. Dit geldt ook voor zaken als het vaststellen van het tijdstip waarop het contact plaats zal vinden, het bemiddelen bij de toekenning van een eenmalige financiële uitkering, het laten verzorgen van een klusje in huis, bemiddelen voor vervoer. In al deze situaties is het van belang dat de cliënt niet het idee heeft dat het de gewoonste zaak van de wereld is dat de werker dit doet. Essentieel is dat de maatschappelijk werker duidelijk maakt dat hij het doet als waardering voor specifieke prosociale gedragingen van de cliënt.

Als de werker een cliënt die regelmatig te laat komt en weinig coöperatief gedrag vertoont, op een kop koffie trakteert in de hoop dat hij door dit gebaar tot meer samenwerking wordt gebracht, beloont hij in feite zijn oncoöperatieve gedrag. Een onderzoek door Burns (1994) bracht aan het licht dat reclasseringswerkers regelmatig gedrag beloonden dat zij juist wilden tegengaan.

Welk gedrag belonen?

Het is dus van belang dat werkers specificeren welk gedrag, welke uitingen zij willen belonen en op welke manier zij dat denken te doen. Onzorgvuldig toepassen van het beloningssysteem kan leiden tot resultaten die tegenovergesteld zijn aan wat wordt nagestreefd.

Overigens dienen ook mislukte pogingen tot ander gedrag de aandacht te krijgen. Het is van wezenlijk belang dat maatschappelijk werkers waardering tonen voor de overlevingsstrategieën die hun cliënten laten zien, ook al kan het soms beter zijn die voor andere in te ruilen. Een veelvoorkomende blinde vlek bij maatschappelijk werkers is dat zij van cliënten alleen de problematische kanten zien. Dat is op zich begrijpelijk, want problemen zijn de reden voor het contact tussen cliënt en werker. Maar het is een vertekening van de werkelijkheid als cliënten worden gereduceerd tot louter probleemdragers. Werkers maken optimaal gebruik van hun interventiemogelijkheden als zij behalve voor het oplossen van problemen oog hebben voor de sterke kanten van cliënten (De Jong & Miller, 1998) en die zo goed mogelijk benutten.

Klachten van cliënten over bejegening hebben vaak als thema dat er geen aandacht en waardering is voor wat ze zelf doen en gedaan hebben.

Ad 3 Voorbeeldgedrag van de maatschappelijk werker

Als een maatschappelijk werker de activiteiten en normen die hij bij de cliënt wil stimuleren door woorden en daden ontkracht, is hij ongeloofwaardig en kan hij weinig of geen positieve resultaten van zijn inspanningen verwachten. Het is dus zaak om dit te voorkomen en in contacten met cliënten zorgvuldig eigen verbale uitingen en gedragingen te screenen. Werkers in de jeugdzorg dienen ervoor te zorgen dat zij zich positief uitlaten over hun eigen kinderen, dat zij bevestigen dat er goed voor kinderen gezorgd wordt, dat zij begrip tonen voor de omstandigheden waarin kinderen verkeren en begrip tonen voor de ouders (zonder dat zij antisociale gedragingen belonen).

Zelfonthulling

Tot op bepaalde hoogte kan een werker gebruik maken van zelfonthulling, door bijvoorbeeld te vertellen dat hij het opvoeden van zijn eigen kinderen ook niet makkelijk vond, maar dat hij er nooit toe overging om hen te slaan. Natuurlijk is het niet de bedoeling dat de werker zich presenteert als iemand die op alle vragen een antwoord heeft en alles beter weet. Wel is het goed om voor ogen te houden dat voorbeeldgedrag een professioneel instrument is dat cliënten kan aanzetten om anders om te gaan met hun kinderen, partners, of omgeving.

Ad 4 Tegengaan van antisociale of procriminele uitingen en gedragingen: negatieve sanctionering

Hoewel ervan uitgegaan wordt dat cliënten meer opsteken van het bekrachtigen van prosociale reacties dan van het afkeuren van antisociale reacties, valt er niet aan te ontkomen antisociale of procriminele reacties af te wijzen. Dat is geen eenvoudige zaak. Het afkeuren van iemands gedrag heeft dikwijls een confronterend karakter en daar moet, vooral in de beginfasen van een werkrelatie, voorzichtig mee worden omgesprongen. Tegelijkertijd dient de maatschappelijk werker ervoor te waken dat hij antisociale reacties niet op de een of andere manier bekrachtigt. Elke vorm van empathie dient bij dit soort reacties vermeden te worden, zowel verbaal als non-verbaal.

Antisociale reacties als rationalisaties

Antisociale reacties worden dikwijls geuit in de vorm van rationalisaties: ik wilde alleen maar dat hij zou gehoorzamen, ik gaf hem alleen een tik omdat hij maar bleef huilen, ik ben er als kind niet slechter van geworden als ik een flinke tik kreeg, ik zou de luiers vaker verschonen als ik een wasmachine had. De werker kan dit soort reacties negeren, wat een vorm van afkeuren kan inhouden, maar beter is te zeggen dat

het gaat om rationalisaties (goedpraten of afzwakken) van gedragingen die niet acceptabel zijn en dat die gedragingen er mede de oorzaak van zijn dat nu de vrijheid van de cliënt beperkt is door het verplicht opleggen van een hulpverleningscontact.
Hier volgt een fragment uit het gesprek van een reclasseringswerker met een cliënt die veroordeeld is wegens mishandeling van zijn vrouw.

Arie: 'Ik vind het prima. Kijk, ik weet wat er gebeurt als ik haar weer sla. Niet dat ik meer gedaan heb dan haar een flinke tik geven. Maar zij zegt: als je me ooit weer een tik geeft dan is het echt gebeurd tussen ons.'
Werker: 'Ik heb in het proces-verbaal gelezen dat je je vrouw ernstig verwond hebt. En dat is heel wat anders dan het geven van een flinke tik. Maar ik ben blij te horen dat je je vrouw niet meer zult slaan. Wat betekent je vrouw voor je?'
Arie: 'Ik hou veel van haar en ik wil haar niet slaan, maar ze kan me zo kwaad maken. Soms zegt ze van die dingen alleen maar om mij kwaad te maken.'

Voor alle duidelijkheid: het gaat om een werkwijze waarmee geprobeerd wordt om schadelijk gedrag af te remmen. Lukt dat niet of in onvoldoende mate, dan hoort bij de aanpak dat de cliënt hiermee wordt geconfronteerd. De maatschappelijk werker in het gespreksvoorbeeld gaat er niet in mee als de cliënt schadelijk gedrag bagatelliseert, maar zet zijn duidelijke afwijzing wel in een kader van waardering voor de nieuwe voornemens.
In de residentiële hulpverlening (jeugdzorginstellingen, opvanghuizen, begeleide woonvormen) kunnen contacten tussen werker en cliënt zich heel de dag door voordoen en zich over een breder gebied uitstrekken dan bij ambulante hulpverlening het geval is. Als gevolg hiervan zijn de mogelijkheden om gewenst gedrag aan te leren en ongewenst gedrag af te leren talrijker en gevarieerder. Van den Berg (1997, p. 174 e.v.) geeft een overzicht van beloningssystemen die in het kader van woonbegeleiding kunnen worden toegepast. Als een woonbegeleider gebruikmaakt van beloningen en straffen, dan dient hij zich een beeld te vormen van wat de cliënt leuk, plezierig, ontspannend vindt en ook van wat hij vervelend, onplezierig of inspannend vindt. Wat voor de één een beloning (of een straf) is, hoeft dat immers niet noodzakelijkerwijs ook voor iemand anders te zijn.

BELONEN EN STRAFFEN SOMS ONBEWUST

Soms is gedrag van de hulpverlener niet bedoeld als beloning of straf, maar wordt het wel als zodanig opgevat. De werker die de cliënt die regelmatig te laat komt, een kop koffie aanbiedt in de hoop dat hij voortaan op tijd komt, slaat dus de plank mis. Hij beloont in feite het te laat komen en werkt op die manier zichzelf tegen. Duidelijk zijn over de eigen bedoelingen is hier het parool. Effectiever zou geweest zijn als hij gezegd had: 'Het lukt je nog steeds niet hier op tijd te zijn. Als je de volgende keer op tijd bent, krijg je van mij een kop koffie.'
Soms worden beloningen en straffen niet expliciet toegepast maar wel impliciet gegeven. Bekrachtigen (door lachen, knikken, tonen van interesse) of afkeuren (wenkbrauwen fronsen, lauwtjes reageren) van bepaalde gedragingen kan zich in een gesprekssituatie als een soort automatisme voordoen en daardoor aan controle ontsnappen. Werkers die vinden dat je altijd vriendelijk en aardig moet zijn, dienen zich te realiseren dat dit in voorkomende situaties door cliënten opgevat kan worden als een beloning, terwijl juist afkeuring op zijn plaats zou zijn. De maatschappelijk werker dient zich te trainen in het waarnemen en controleren van het eigen non-verbale gedrag.
Wanneer belonen bewust, systematisch en consequent gebeurt over langere tijd, is de kans groot dat de cliënt uiteindelijk op een punt komt waar hij zonder dat nooit zou zijn aangeland.

CULTURELE VERSCHILLEN

Als het gaat om opvoeding van kinderen, de relatie tussen mannen en vrouwen en verplichtingen tussen familieleden, kunnen cliënten met een allochtone achtergrond en autochtone maatschappelijk werkers sterk van opvatting verschillen. Uitgangspunt is dat zo veel mogelijk rekening wordt gehouden met de culturele context van allochtone cliënten, tenzij het gaat om gedragingen, waarden en normen die in strijd zijn met de Nederlandse wetgeving. Voor alle inwoners van Nederland geldt bijvoorbeeld dat kindermishandeling verboden is, dat kinderen niet mogen spijbelen en dat geweld in gezinnen strafbaar is. Er zijn culturele verschillen die niet te overbruggen zijn. Eerwraak is niet acceptabel, schrijft ir. Seçil Arda (1999) in *NRC-Handelsblad*. Op de vraag of dit in Nederland getolereerd moet worden, geeft zij als antwoord: absoluut niet.
Bij het bekrachtigen of afremmen van bepaalde reacties bij allochtone cliënten dient de werker zich af te vragen of de brede (wettelijke) Nederlandse context in het geding is, of hij reageert vanuit zijn persoonlijke opvattingen dan wel op basis van professionele waarden, en of hij voldoende rekening houdt met de culturele context van de cliënt. Elke

werker dient daarbij in de gelegenheid te zijn dilemma's waarvoor hij zich gesteld ziet, in collegiaal verband te bespreken.

5.6 Werken met sancties

De hele pro-socialbenadering van Trotter kan grofweg worden gekarakteriseerd als het werken met sancties. Sancties, positief en negatief, zijn onderdeel van de gespreksbenadering van de maatschappelijk werker.
Negatieve sancties van zwaarder kaliber kunnen ook aan de orde zijn, en ze zijn dat daadwerkelijk bij voorwaardelijke en gedwongen hulpverlening. Ze vormen als het ware de stok achter de deur bij het werken aan disciplinering. Als het om zware sancties gaat is het niet het maatschappelijk werk dat de stok hanteert, maar gezaghebbende maatschappelijke instanties 'van buiten': de rechter, de kredietbank, de sociale dienst, de woningbouwvereniging. Zij representeren de maatschappelijke belangen die door de maatschappelijk werker serieus worden genomen, hoewel hij zich niet met deze instanties identificeert. Het is juist belangrijk dat hij op enige afstand van deze instanties staat, om de cliënt des te beter te kunnen helpen het eigen gedrag zo bij te sturen dat negatieve sancties uitblijven: beperking van het ouderlijk gezag, detentie, korting op de uitkering, huisuitzetting. Niettemin kunnen op deze wijze (dreigende) sancties worden gebruikt als hefboom voor verandering.

OP HET SCHERP VAN DE SNEDE

Werken met sancties in het maatschappelijk werk gebeurt op het scherp van de snede. Het is een dwingende manier om ongewenst gedrag te stoppen of te verminderen; de hoop daarbij is dat niet alleen het ongewenste gedrag afneemt maar dat tegelijkertijd het gewenste gedrag toeneemt. Deze verwachting blijkt in de praktijk veelal te optimistisch. Negatieve sancties kunnen (tijdelijk) dienen als rem op ongewenst gedrag, maar als gangmaker voor gewenst gedrag blijken zij weinig effect te sorteren. Een complicerende factor is de reactance die door de negatieve sancties wordt opgeroepen. Voor veel onvrijwillige cliënten heeft het opgedrongen contact met hulpverleners al het karakter van een sanctie. Als binnen dit kader ook nog eens met stevige sancties wordt gewerkt, is de kans aanwezig dat het strafkarakter gaat overheersen waardoor het werken op twee sporen in het gedrang komt. Het vraagt veel stuurmanskunst van de maatschappelijk werker om de balans niet te laten doorslaan naar het tweede spoor: disciplineren. Toch valt in bepaalde gevallen niet aan het werken met sancties te ontkomen. Als met een cliënt een schuldhulpverleningscontract is gesloten en hij maakt nieuwe schulden, dan is verbreking van het contract het gevolg; indien cliënten van de reclassering de opgelegde taakstraf niet uitvoeren, zal de voorwaardelijke vrijheidsstraf alsnog worden uitgevoerd. Waar het werken met zwaardere sancties nodig wordt geacht, heeft de maatschappelijk werker zich te bezinnen – bij voorkeur in teamverband – op de vraag hoe de verbinding met het tweede spoor (emancipatie, empowerment) gehandhaafd kan worden. Sancties kunnen dan niet alleen worden beschouwd als 'niet te vermijden', maar ook benut worden als werkzame kracht in het na te streven veranderingsproces.

Maatschappelijk werkers zijn zelden vertrouwd met het werken met sancties, veelal vinden zij het gebruik ervan onethisch. Toch zijn sancties in opvoedings-, opleidings-, sport- en verkeerssituaties een algemeen aanvaard instrument om gedrag te sturen. Op de strafbank zitten, uit het veld gestuurd worden, een gele kaart krijgen, een onvoldoende krijgen, geen televisie mogen kijken, blijven zitten, een boete krijgen, inbeslagname van een auto, het zijn instrumenten waarvan het gebruik algemeen aanvaard is, hoewel de gestraften zelden staan te juichen. Wil echter ook in deze maatschappelijke situaties sprake zijn van redelijkheid en niet van willekeur, dan dient er duidelijkheid te zijn over spelregels en criteria die gelden, en over wat de 'overtreder' te wachten staat bij afwijking van de norm. Des te sterker geldt dat voor het maatschappelijk werk, dat intervenieert in de intieme leefsfeer van mensen en inbreuk maakt op wat mensen beleven als hun territorium. Wanneer met sancties moet worden gewerkt, dan dient dit plaats te hebben binnen het kader van een contract, waarin de cliënt zich op een bepaalde gedragslijn heeft vastgelegd, en weet wat afwijken van die gedragslijn betekent, wat de consequenties ervan zijn. Binnen de voorwaardelijke hulpverlening is dit als het goed is met een bijna strenge zorgvuldigheid geregeld. De cliënt weet bij het begin van het traject precies (de maatschappelijk werker dient zich daarvan te vergewissen!):

- welk gedrag beloond zal worden met continueren van het verschaffen van basisvoorzieningen zoals inkomen en huisvesting (feit is echter dat dit algauw niet meer als een beloning wordt gezien: iedereen went snel aan 'voorrechten');
- op welke gedragingen (meervoud, want het gaat zelden om eenmalig gedrag: er is oefen- en experimenteerruimte ingebouwd) negatieve sancties zullen volgen en van welke aard deze precies zijn.

Ook in andere hulpverleningssituaties, buiten het voorwaardelijke kader, geldt een en ander onverkort.

Rooney (1992) beschrijft de geschiedenis van Gerard, een jongen van een jaar of zestien die sinds een paar maanden in een tehuis verblijft. In dit tehuis wordt veel gewerkt met een systeem van beloning en straffen: punten die je kunt verdienen en punten die je weer kunt kwijtraken. Met Gerard gaat het van meet af aan vrij goed totdat hij na een weekend bij zijn ouders duidelijk sporen vertoont van drugsgebruik. Gerard reageert afwerend en geagiteerd als ernaar gevraagd wordt en binnen de kortste keren overtreedt hij zoveel regels dat hij zijn in maanden opgebouwde tegoed kwijtraakt. Het perspectief van zijn verblijf in het tehuis is in één klap veranderd.

Zo moet het dus niet. Het had meer voor de hand gelegen Gerard kort duidelijk te maken dat hij een regel van het tehuis had overtreden en vervolgens een 'time-out' in te stellen, Gerard naar zijn kamer te verwijzen en de volgende dag in een andere sfeer op het voorval terug te komen. Een eenmalige overtreding zwaarder laten wegen dan het gedurende een langere periode respecteren van regels en richtlijnen zal veel reactance oproepen. Ook zal het weinig bijdragen aan het maken van de keuze om zich voortaan 'uit eigen beweging' aan de regels te houden.

STOK ACHTER DE DEUR

Wanneer iemand gedrag *alleen* vertoont of nalaat om negatieve sancties te ontlopen, is de waarde daarvan beperkt omdat het gedrag alleen extrinsiek gemotiveerd is. Bij het opheffen van de sancties is het risico groot dat het 'uitgedoofde' gedrag weer opbloeit. Als straffen voortdurend worden toegepast, wordt de beschikbare energie – die beter op een andere manier aangewend had kunnen worden – gestopt in het vermijden ervan. Andere negatieve bijwerkingen van straffen kunnen zijn: ontduiken van de straf door liegen en bedriegen, in de gunst komen door zoete broodjes te bakken, vijandig gedrag te vertonen – zo niet tegen degene die sanctioneert dan wel tegen anderen in de omgeving.

Als sancties echter kunnen dienen als stok achter de deur om de cliënt – ook in eigen ogen – te behoeden voor terugval in gedrag dat hij niet wenst (kinderen slaan, overbesteden) kunnen ze dienen als een soort paradoxale steun. Negatieve sancties werken echter het best als ze het 'oude' negatieve gedrag tegengaan, terwijl tezelfdertijd ander, effectief copinggedrag wordt aangeleerd (pedagogisch handelen, budgetteren). Ze kunnen benut worden als een 'hulpmiddel' in de overbruggingstijd waarin de cliënt nog ambivalent is of misschien wel anders *wil*, maar op 'zwakke' momenten dreigt terug te vallen in oude patronen (Prochaska & DiClemente, 1982). Over de sancties die aan het begin van een traject van voorwaardelijke hulpverlening worden vastgesteld, valt niet te onderhandelen; hetzelfde geldt voor de sancties die de rechter in het kader van gedwongen hulpverlening in het vooruitzicht stelt. Ze zijn echter door de maatschappelijk werker te legitimeren vanuit het maatschappelijk belang, en ook vanuit het belang dat de cliënt erbij kan hebben. Duidelijkheid over het wanneer en hoe van sanctionering is daarbij van het grootste gewicht, omdat dat voor maatschappelijk werker en cliënt ruimte schept om samen te werken aan condities voor nieuw gedrag. In dat kader komt ook rolverduidelijking voor werker en cliënt (Trotter, 1999) het beste tot haar recht en kunnen het eerste en het tweede spoor van het maatschappelijk werk weer verbonden worden.

Een voorbeeld waarbij hulpverleners gebruik maken van een situatie die het element bestraffing inhoudt, geven Haasken c.s. (1996, p. 36) in relatie tot vroeghulp aan jongeren met een inverzekeringstelling: 'De hulpverlener kan de inverzekeringstelling en de komende rechtszaak gebruiken om de druk op de jongere om zijn situatie te veranderen op te voeren. Dreigende justitiële sancties kunnen bij jongeren heel motiverend werken.' Zij voegen hier echter aan toe dat enige relativering wel op haar plaats is: zodra de jongere weer op straat staat, kunnen goede voornemens als sneeuw voor de zon verdwijnen.

Een traject van voorwaardelijke hulpverlening op het terrein van arbeidstoeleiding maakt onder meer gebruik van negatieve sanctionering door te bepalen dat bij het niet-nakomen van sollicitatieafspraken een korting van 20 procent op de uitkering wordt toegepast. Deze negatieve sanctie maakt deel uit van een 'hulpverleningspakket', waarin ook uitdrukkelijk positieve prikkels zitten, zoals een sollicitatietraining en een training sociale vaardigheden die voor de cliënt aantrekkelijke perspectieven bieden. De sanctie is bedoeld om te voorkomen dat het gedrag in de oude groef blijft lopen.

Mike (24) is voor de tweede keer niet verschenen op zijn afspraak met de maatschappelijk werker, zonder bericht van verhindering. Hij ontvangt nu een brief waarin staat dat de maatschappelijk werker hem een laatste kans geeft. Als hij bij deze afspraak weer verstek laat gaan zonder bericht, zal de maatschappelijk werker aan de rechter melden dat Mike zijn verplichte reclasseringscontact in het kader van zijn voorwaardelijke veroordeling niet nakomt. Mike besluit om deze keer wel naar de maatschappelijk werker te gaan.

DUIDELIJKE GRENS

In de genoemde voorbeelden is het de bedoeling om door middel van een sanctie het ongewenste gedrag tegen te gaan. Het gaat om het trekken van een streep, het aangeven van een grens, om duidelijk te maken: tot hier toe en niet verder. Van vitaal belang is dat die grens van meet af aan kenbaar gemaakt wordt: bij de contractering (is Mike aan de start goed duidelijk gemaakt wat de mogelijkheden en grenzen zijn?), en – omdat niet zonder meer aangenomen kan worden dat de cliënt iets eens en voor altijd 'weet' – door een continue gespreksbenadering volgens de in de vorige paragraaf besproken pro- en antisociale aanpak. Op deze manier wordt voorkomen dat de maatschappelijk werker 'opeens' een grens trekt, nadat hij eerst – ter wille van de goede sfeer of de 'vertrouwensrelatie' – heeft nagelaten kritische of confronterende opmerkingen te maken. In zo'n geval lijkt de maatschappelijk werker ineens een wolf in schaapskleren – en zo er al een vertrouwensbasis was, is die meteen om zeep geholpen. Juist door zulke 'verrassingen' staat de negatieve sanctie in een kwader reuk dan nodig is.

Na bestudering van dit hoofdstuk kan de lezer:

- **aangeven waarom werken op twee sporen (emancipering en disciplinering) zinvol is en hoe het ene spoor zich tot het andere verhoudt;**
- **dit in gewone taal aan een denkbeeldige cliënt uitleggen;**
- **een gesprek met een cliënt aangaan met het oogmerk 'rolverduidelijking' en na afloop aangeven wat precies verduidelijkt is en met het oog waarop;**
- **uitleggen (aan de cliënt en aan collega's die vooral met vrijwillige cliënten werken) waarom rolverduidelijking een noodzakelijke basis is voor het werken met de pro-socialbenadering;**

- een eigen visie geven op de stelling 'de pro-socialbenadering is moralistisch';
- een eigen gespreksfragment kritisch analyseren op de toepassing van prosociale en antisociale reacties;
- een eigen illustratie geven van adequaat voorbeeldgedrag en een voorbeeld van inadequaat voorbeeldgedrag, en voor leken verklaren of de maatschappelijk werker altijd voorbeeldig moet zijn;
- aan de cliënt uitleggen welke sancties hem boven het hoofd hangen als hij niet verandert, op zo'n manier dat de sanctionering niet alleen een bedreiging is en het eerste spoor (emancipering, empowerment) op zijn minst in zicht komt.

De voet tussen de deur 6

6.1 Inleiding

Hoe krijg je als maatschappelijk werker een voet tussen de deur bij de cliënt? Figuurlijk of letterlijk, die vraag zal in elk individueel geval opnieuw bekeken moeten worden. De uitdrukking dat een goed begin het halve werk is, gaat lang niet altijd op, maar een valse start kan er in dit geval toe leiden dat de deur niet verder opengaat.
In dit hoofdstuk gaat het allereerst over de voorbereidingsfase (6.2), waarbij vooral gefocust wordt op situaties waarin het maatschappelijk werk zelf het initiatief neemt om de potentiële cliënt op te zoeken of uit te nodigen. Hoe wordt omgegaan met signalen uit de omgeving? Welke wijze van contact leggen biedt de beste kans van slagen? Welke algemene richtlijnen zijn er te geven voor het eerste contact (6.3)? Wat zijn in ieder geval (of het nu om outreachende, voorwaardelijke of gedwongen hulpverlening gaat) zaken die in dat eerste contact aan de orde moeten komen? Welke aandachtspunten dient de maatschappelijk werker voor ogen te houden en welke theoretische en methodische concepten kunnen hem daarbij ondersteunen? In deze paragraaf krijgt een aantal zaken een plaats die al eerder – verspreid door het boek – aan de orde zijn geweest. Het hoofdstuk vervolgt met een korte bespreking van enkele benaderingen die beogen weigerachtige cliënten over de streep te halen (6.4). Verleidingstactieken is eigenlijk te veel gezegd; het gaat om strategieën – met de soms enigszins desperate glans van een laatste kans – die tot doel hebben de cliënt te bewegen, zeg maar over te halen om van een hulpaanbod gebruik te maken. Als de eerste stappen resultaat hebben gehad, komt de volgende opgave: gezamenlijk vaststellen welke problemen prioriteit krijgen in het hulpverleningsproces (6.5).

6.2 Het voortraject

Bij verschillende typen onvrijwillige cliënten hoort een verschillend voortraject. Bij voorwaardelijke hulpverlening bijvoorbeeld kan de cliënt zelf aankloppen omdat voor hem grote belangen op het spel staan (inkomen, dak boven het hoofd), maar ook een instantie kan hem aanmelden of aan de cliënt laten weten dat bepaalde voorzieningen (een uitkering bijvoorbeeld) niet langer worden verstrekt tenzij ... (dan volgen de voorwaarden). Aan gedwongen hulpverlening kan een heel traject met politie en justitie voorafgaan, en bij outreachende hulpverlening is het weer anders. Omdat het niet mogelijk is de grote variatie aan voortrajecten te bespreken, zal hier vooral gefocust worden op situaties waarin het maatschappelijk werk voor de keus staat: gaan we onze diensten aanbieden, ja of nee? Wat doen we met signalen uit de omgeving – en als we contact leggen, hoe pakken we dat dan – praktisch gezien – aan?

SIGNALEN UIT DE SAMENLEVING

Als over potentiële cliënten alarmerende signalen binnenkomen, is de vraag wat er met die signalen gebeurt. Gaat men er onmiddellijk op af of wacht men liever tot er nog meer signalen binnenkomen? Wie gaat het contact leggen en met welke boodschap? Deze vragen spelen in alle contexten van maatschappelijk werk: het ziekenhuismaatschappelijk werk, het schoolmaatschappelijk werk, het algemeen maatschappelijk werk en bij de lokale zorg- en jeugdnetwerken.

Hoe belangrijk het is om stil te staan bij vragen rond het omgaan met signalen, blijkt uit een onderzoek dat Ten Berge (1998) deed naar de besluitvorming over binnengekomen meldingen bij een Raad voor de Kinderbescherming. Het onderzoek wilde verhelderen op grond van welke informatie en overwegingen werd besloten een onderzoek in te stellen, te verwijzen of geen verdere stappen te ondernemen. Ook ging de onderzoekster na welke factoren relevant zijn voor de taxatie van een mogelijk bedreigende opvoedingssituatie. Ten Berge bracht aan het licht dat de beslissing om wel of niet tot onderzoek over te gaan in veel gevallen door één persoon werd genomen en dat bij veel meldingen niet duidelijk was *op welke gronden* de beslissing genomen werd. Besluitvormingsprocessen waren niet altijd geëxpliciteerd en konden dus niet worden getoetst. Op grond daarvan wordt onder meer geconcludeerd: 'Subjectiviteit in de besluitvorming is niet uniek voor de kinderbescherming, maar zeer ongewenst. Iedere cliënt heeft recht op een gelijke behandeling en het mag niet zo zijn dat het besluit om een melding te onderzoeken afhankelijk is van degene die dat besluit neemt. Gezien het ingrijpende karakter van de beslissing moet daarnaast voor alle betrokkenen duidelijk zijn op grond van welke informatie en overwegingen de intaker beslist. Het – schriftelijk – vastleggen en legitimeren van de besluitvorming moet toetsing daarvan te allen tijde mogelijk maken.'

Voor het werk van de Raad voor de Kinderbescherming is in 1999 een onderzoeksmodel ontwikkeld met uitgewerkte richtlijnen voor het omgaan met meldingen en voor het instellen van onderzoeken. Die richtlijnen gelden voor alle raadsonderzoekers in het hele land.

De conclusies uit het rapport van Ten Berge kunnen ook betrokken worden op het omgaan met signalen in andere sectoren. Zwaarwegend is dat subjectiviteit bij de besluitvorming over de signalen moet worden vermeden, dat duidelijk moet zijn op grond van welke criteria besloten wordt om contact te leggen en dat deze criteria schriftelijk vastgelegd worden. Al gaat het bij sociaal onvrijwillige cliënten om minder ingrijpende maatregelen dan bij de kinderbescherming, ongevraagd een hulpverlener aan de deur krijgen is voor veel mensen een inbreuk op hun territorium. Om niet te zeggen: reden om de deur op slot te doen.

Op dat laatste heeft de burger recht, want als de instelling in een signaal of een reeks signalen aanleiding ziet om bij derden nadere informatie in te winnen, moet rekening worden gehouden met de regels voor privacybescherming. Die stellen als voorwaarde dat hiervoor toestemming van de cliënt verkregen is. Van deze voorwaarde kan worden afgeweken als de belangen van derden met ernstige schade worden bedreigd. In de lokale zorgnetwerken in Rotterdam wordt de privacy van cliënten zoveel mogelijk gewaarborgd door toepassing van de regels van de betrokken instellingen en door uitvoerig vast te leggen wat gedaan is en op welke manier, zodat achteraf verantwoording kan worden afgelegd. Het komt evenwel regelmatig voor dat hulpverleners problemen van een wijkbewoner bespreken en gegevens over hem verzamelen zonder dat deze daarvan op de hoogte is. Wel wordt altijd eerst geprobeerd contact met de cliënt te leggen, maar dat lukt lang niet altijd. In die gevallen blijft voorlopig niets anders over dan werken buiten hem om of helemaal niets doen; de keus valt doorgaans op het eerste vanwege de belangen die op het spel staan. Die belangen zijn altijd doorslaggevend.

OMGAAN MET SIGNALEN

Voor de kerntaak signaleren (van structurele, maatschappelijke tekortkomingen die tot problemen van cliënten leiden) uit het Beroepsprofiel van de maatschappelijk werker (Jagt, 2006) hebben Scholte en Van

Splunteren (2007) een model ontwikkeld. Daarin beschrijven zij zes stappen in het signaleringsproces. Voor het omgaan met signalen over individuele 'gevallen' worden hier drie stappen onderscheiden:

1 signalen verzamelen;
2 signalen analyseren;
3 besluiten of contact wordt gelegd.

Ad 1 Signalen verzamelen

Signalen zijn uitingen van zorg, klachten over overlast, meldingen van vermoedens over bijvoorbeeld verwaarlozing of mishandeling. Bij het AMK en BJZ kunnen signalen binnenkomen van familieleden, buren en kennissen, maar ook van huisartsen, onderwijzers, buurtagenten; bij het algemeen maatschappelijk werk kunnen dezelfde mensen een melding doen. Bij het ziekenhuismaatschappelijk werk kan een signaal komen van een verpleegkundige of van een arts, maar ook van familieleden. Nodig is dat de signalen nauwgezet worden geregistreerd, waarbij een stelregel kan zijn dat anonieme signalen niet worden geaccepteerd. De volgende gegevens zijn van belang.

- Van wie komt het signaal?
- Hoe wordt het onder woorden gebracht?
- Wat is de ernst van de situatie of gebeurtenissen volgens de melder?
- Met welke regelmaat doen de gemelde gebeurtenissen zich voor? Hoe lang al?
- Wat is de reden dat de melder nu komt?
- Welke pogingen heeft de melder zelf gedaan om invloed op de gebeurtenissen uit te oefenen?
- Weet betrokkene van de melding af?

Het verdient de voorkeur dat in een instelling waar met een zekere regelmaat signalen binnenkomen, vaste medewerkers met het ontvangen en registreren van de signalen belast zijn. Door direct verantwoordelijken aan te wijzen wordt voorkomen dat signalen worden verwaarloosd. Duidelijke afspraken over de werkwijze en regelmatige bespreking van de binnengekomen signalen in teamverband, bevorderen een alerte en effectieve omgang met signalen.

Ad 2 Signalen analyseren

De belangen van mensen over wie signalen binnenkomen vereisen aan de ene kant dat deze signalen serieus worden genomen en aan de andere kant dat ze kritisch worden bekeken. In ieder geval dient helder te zijn welk belang de melder heeft bij de mensen over wie hij zorgen of klachten uit. Kan het zijn dat zijn informatie gekleurd is?

Het analyseren van de signalen gebeurt in twee ronden. In de eerste plaats worden vragen gesteld bij de signalen.

- Wat is de relevantie?
- Wat is de frequentie?
- Wat is de ernst?
- Hoe specifiek zijn de signalen?

In de tweede plaats is het van belang de signalen te toetsen aan informatie uit andere bronnen. Stemt de informatie uit andere bronnen met de signalen overeen? Wat zijn de overeenkomsten en verschillen? Komt uit de verzamelde informatie een samenhangend beeld naar voren?

Ad 3 Besluiten of contact wordt gelegd

Om weloverwogen en op eenduidige wijze te kunnen beslissen wat met de signalen gedaan wordt, is een protocol of een lijst met heldere criteria nodig op basis waarvan na analyse van de signalen een besluit genomen kan worden. Bij voorkeur is dit een beslissing van een (klein) team, maar als er een duidelijk beslisinstrument is, kunnen de verantwoordelijke medewerkers onafhankelijk van elkaar tot een min of meer gelijkluidend besluit komen. Het gaat daarbij niet alleen om het 'afvinken' van een lijst met criteria: ook ervaring en geschoolde intuïtie dienen gewicht in de schaal te leggen (Munro, 2003). In sommige gevallen zal besloten worden om de melder te adviseren hoe hij zelf tot een doeltreffender aanpak van het betrokken gezin of individu kan komen. Advisering en/of consultatie kan plaatsvinden in een eenmalig contact, maar ook in een aantal contacten.
In de praktijk blijkt dat de weerstanden tegen ongevraagde contactlegging afnemen wanneer de betrokkene van de melding op de hoogte is. Verschillende instellingen stellen als voorwaarde dat de melder het gezin of individu over zijn melding inlicht, maar er zijn altijd (bij voorkeur in het protocol vastgelegde en regelmatig te evalueren) omstandigheden waarin van een regel afgeweken kan of moet worden.
Als besloten wordt tot contactlegging dient te worden bekeken met welke vraag of met welke opdracht dat het best kan gebeuren. Ook de vraag wie van de teamleden contact gaat leggen, is relevant. Iemand die eerder met de betrokkene een positief contact heeft gehad, verdient de voorkeur.

CONTACT LEGGEN

'Hoe benaderen wij voor de eerste keer een gezin dat niet om onze hulp gevraagd heeft? Hoe maken wij de eerste afspraak? Per brief,

telefonisch? Brengen we een wel of niet aangekondigd bezoek, of regelen we een introductie door een ander?' Met deze vragen begint een paragraaf uit een boek over het project voor probleemgezinnen in St. Paul (VS) (Kamphuis, 1969), dat tientallen jaren heeft gefungeerd als *het* voorbeeld van outreachend werken. Aan de medewerkers van het project werd gevraagd: hoe zou je zelf reageren als een maatschappelijk werker zomaar aanbelt terwijl het hele huis overhoop ligt? Hoe zou je reageren als een maatschappelijk werker je zomaar uitnodigt voor een gesprek op het bureau? Door middel van zelfreflectie werd begrip gekweekt voor de afweer van cliënten, maar achteraf bleken de reacties van de werkers ook cultuurgebonden: een aantal cliënten vond onaangekondigd bezoek geen enkel probleem.
De ervaring in St. Paul leerde dat benadering van de gezinnen het best lukte als de maatschappelijk werker geïntroduceerd werd door een hulpverlener of andere professional die al eerder contact met het gezin had gehad en vertrouwen genoot. In eigentijdse termen: er werd gezocht naar een positieve relatie in het bestaande professionele netwerk. Henselmans (1991) noemt de mogelijkheid om een aanmelder, professioneel of niet-professioneel, bij de aanpak te betrekken; welke kans ziet deze om met cliënt in contact te komen, kan hij de hulpverlener introduceren? In feite begint bij de aanmelding al een onderhandelingsproces met derden die daarbij betrokken zijn. Inzet zijn de volgende vragen.

- Wie doet wat op welke voorwaarden?
- Weet de betrokken cliënt van de aanmelding af?
- Als dat niet het geval is, wat waren dan de redenen om hiervan af te zien en zijn die mogelijk te beïnvloeden?

In het project in St. Paul bleek het goed te werken als men zonder aankondiging naar een cliënt toestapte om een afspraak te maken voor een later tijdstip. De verklaring die hiervoor wordt gegeven, is dat persoonlijk contact minder bedreigend is dan schriftelijk contact. Bezwaren tegen deze werkwijze lagen vooral bij de werkers: zij vreesden dat zij op deze manier verdacht zouden worden van spioneren of onverwachte controle. Culturele factoren bleken hier sterk bepalend.

Aandachtspunten

Natuurlijk kunnen de bevindingen uit St. Paul niet zonder meer gelden voor onze tijd; wel valt eruit te leren dat:

- systematisch onderzoek nodig is;
- afgestemd dient te worden op de cultuur van de doelgroep;
- 'invullen' voor de cliënt een valkuil is;
- werken met het sociale netwerk kansen biedt.

Zorgvuldig overwegen hoe contact gelegd wordt (brief, telefoon, huisbezoek, uitnodiging voor een gesprek op het bureau) kan overdreven lijken, maar is het niet. Een algemene richtlijn valt echter niet te geven. Van primair belang is dat de manier van contact leggen weloverwogen en respectvol is, net als de beslissing tot contactlegging zelf. De maatschappelijk werker die namens de instelling het contact gaat leggen, dient te weten waar hij aan begint. Dat houdt in dat hij:

- de feiten – voor zover beschikbaar – op een rijtje heeft, weet wat de doorslag geeft om in dit geval een cliënt te 'werven';
- zich in grote lijnen realiseert hoe hij de situatie van de cliënt beleeft, welke van zijn eigen normen en waarden in het geding zijn, en waarin zijn beleving en normen waarschijnlijk afwijken van die van de cliënt (zeker van belang in situaties waar de betrokken persoon sterk asociaal of antisociaal gedrag vertoont);
- zich rekenschap geeft op basis van welke beroepsethische principes hij hulp gaat aanbieden of opdringen;
- zich afgevraagd heeft welke juridische basis er is voor de stappen die hij op het punt staat te nemen.

Uiteraard dient teamwerk hier de basis te zijn, doch niet het team maar *deze* maatschappelijk werker moet zo meteen de voet tussen de deur zetten.

6.3 Algemene richtlijnen voor het begincontact

Verschillende vormen van onvrijwillige hulpverlening brengen verschillende typen begincontacten mee. Als de werker het initiatief neemt na het inventariseren en toetsen van binnengekomen signalen, is de structuur van het eerste contact anders dan bij cliënten die zelf contact opnemen maar dit doen omdat zij door anderen gestuurd zijn. Het begincontact bij voorwaardelijke hulpverlening heeft een ander karakter dan het begincontact binnen een wettelijk kader. Toch is er een aantal generieke aandachtspunten te noemen, die gelden voor alle contacttypen. De achtergrond daarvan is voor het merendeel al in eerdere hoofdstukken besproken, maar ze worden hier samengebracht in de vorm van een checklist met (globale) richtlijnen voor het eerste gesprek.

Wees duidelijk en direct over de aanleiding van het contact, mijd omwegen en een lange aanloop

Contact leggen met onvrijwillige cliënten heeft iets weg van het brengen van een slechtnieuwsboodschap. Van de brengers van slecht nieuws is bekend dat zij de neiging hebben het slechte nieuws zo veel mogelijk uit te stellen, te verpakken, te verzachten of het zo te brengen dat de ontvanger het op een gegeven moment zelf moet noemen of kan raden (de *hang yourself*-methode). Slecht nieuws brengen is lastig vanwege de emotionele reacties die het oproept en die heftiger zijn naarmate de inhoud van de boodschap dieper ingrijpt. Toch zorgt talmen of omzwachtelen alleen maar voor uitstel van executie. Een methodisch slechtnieuwsgesprek kent (heel beknopt) de volgende fasering: klap uitdelen, klap opvangen en nagaan welke ondersteuning geboden kan worden bij de verwerking.

De slechtnieuwsboodschap aan de beoogde cliënt houdt in dat er van personen en/of instanties uit zijn sociale netwerk signalen zijn gekomen (klachten, zorgen, alarmsignalen) over problematische gebeurtenissen en gedragingen. Voor de impact van de boodschap is het belangrijk dat de betrokkene deze niet zomaar naast zich neer kan leggen; er zijn immers consequenties aan verbonden. Als de betrokkene zou zeggen: gooi maar in mijn pet, bemoei u niet met mijn zaken, is de kous daarmee niet af, al maakt het natuurlijk wel verschil of er sprake is van wettelijke onvrijwilligheid of van een vorm van sociale onvrijwilligheid. De maatschappelijk werker zal in ieder geval nauwlettend toezien wat de boodschap met de cliënt doet en wat de cliënt doet met de boodschap.

Benoem feiten en noem de norm of waarde die in het geding is, maar wees niet beschuldigend, defensief of moraliserend

Dit is zo vanzelfsprekend dat het geen toelichting behoeft, maar het wordt toch makkelijk vergeten. Bijvoorbeeld als de betrokken cliënt zijn dochter gebruikt als huissloof en lijfeigene, moet de werker letten op de woordkeus – die is algauw veroordelend.

Wees bedacht op meer of minder heftige reacties van reactance en strategische zelfpresentatie; reageer gedoseerd empathisch

Meestal valt niet te voorspellen welke vorm deze reacties zullen aannemen en hoe heftig ze zullen zijn. Van belang is echter om te herkennen wat ze zijn: pogingen om ervaren inperking van vrijheid en ervaren gezichtsverlies teniet te doen – en er ook op dat niveau op te reageren. Dikwijls is het een goede strategie om empathisch te reageren op emoties die worden opgeroepen door het slechte nieuws, maar bij bepaalde categorieën cliënten werkt deze strategie niet. Uit onderzoek (Ivanoff e.a., 1994; Kadushin & Kadushin, 1997) blijkt dat wat gunstig is voor de relatieopbouw met vrijwillige cliënten, bij het werken met bepaalde groepen onvrijwillige cliënten *niet* werkt of zelfs een negatief effect heeft. Empathie en echtheid blijken in relatie tot sommige groepen jeugdige delinquenten, cliënten met psychiatrische en antisociale persoonlijkheidsstoornissen, zeker in het begin, een averechts effect te hebben. Voor cliënten die zich vijandig en weerspannig tegenover de brenger van het slechte nieuws opstellen, lijken de nabijheid, het invoegen en de warmte van de 'ideale hulpverleningsrelatie' te werken als een rode lap op een stier. Duidelijkheid, grenzen aangeven, belangstelling tonen met inachtneming van een zekere afstand, bieden hier meer kans op aansluiting.

Exploreer de reacties van de cliënt op het opgedrongen hulpverleningscontact enerzijds en op de externe probleembenoeming anderzijds

Maatschappelijk werkers zijn soms geneigd mee te gaan met de cliënt wanneer die zich concentreert op een van de beide aspecten. Soms is de emotionele reactie zodanig dat de cliënt alles over één kam scheert, maar meestal blijkt bij verder doorvragen dat er vele nuanceringen aan te brengen zijn. Het is belangrijk dat onderscheid gemaakt wordt tussen reacties op drang of dwang en reacties op de externe probleemomschrijving. Dat heeft betekenis voor het vervolg.

Besteed ruim aandacht aan rolverduidelijking van zowel de rol die van de cliënt wordt verwacht als de eigen rol; maak er op onderdelen waar dat realistisch is een goednieuwsboodschap van

De cliënt dient een duidelijk beeld te krijgen van de cliëntrol, de mogelijkheden en de beperkingen daarvan. De maatschappelijk werker dient ook duidelijk te zijn over de eigen rol, met name over de tweesporigheid daarvan (emancipatie en disciplinering). De goednieuwselementen die hierin schuilen, mogen zeker benadrukt worden: de maatschappelijk werker wil zich binnen bepaalde grenzen wezenlijk inzetten voor de belangen van de cliënt en fungeren als (be)middelaar naar andere betrokken partijen. Uiteraard is niet te verwachten dat een thema als dit in een eerste contact wordt uitgediept, wel kan er een begin mee worden gemaakt.

Sta stil bij de voorgeschiedenis van het eerste contact (het strafproces, de huisuitzetting) en de verwachtingen die de cliënt heeft van maatschappelijk werk
In de voorgeschiedenis van het contact (soms ultrakort, soms heel lang) kan de cliënt positieve en heel frustrerende ervaringen hebben opgedaan en van alles daartussenin. Zulke ervaringen uit het (recente) verleden kunnen doorspelen in het nieuwe contact; het is daarom de moeite waard om die op tafel te krijgen.

Wees duidelijk over wat onderhandelbaar is en wat niet
De cliënt moet weten binnen welke grenzen zowel hijzelf als de maatschappelijk werker zich kan bewegen. Benadruk op welke punten de autonomie en het zelfbeschikkingsrecht van de cliënt volledig intact blijven.

Heb niet slechts oog voor problematische aspecten, maar ook voor de sterke en positieve kanten van de cliënt
Dit is basaal in elk hulpverleningscontact, maar dreigt hier sneller vergeten te worden. Technieken van herstructurering en positieve etikettering kunnen op dit vlak van dienst zijn. Dit vraagt een open oog voor positieve drijfveren bij de cliënt (kijken naar datgene waarvoor hij *wel* gemotiveerd is in plaats van zich blind te staren op wat overduidelijk ontbreekt). Hierbij moet opgemerkt worden dat over de kern van de externe probleembenoeming, althans bij wettelijk onvrijwillige cliënten, niet onderhandeld kan worden. Eerder gaat het erom het onacceptabele gedrag in een positieve context te plaatsen, om daarmee een basis te scheppen voor veranderingswil. De omschrijving 'een kind slaan uit onmacht, met de drijfveer hem af te houden van contacten met drugsgebruikende vrienden' biedt meer aanknopingspunten voor hulp dan kortweg 'kindermishandeling'.
De bedoeling is om te komen tot een zekere gezamenlijkheid; dat is wat anders dan het afzwakken of bagatelliseren van de extern gesignaleerde problematiek.
Overigens betekent oog hebben voor de positieve kanten van de cliënt niet dat de maatschappelijk werker onkritisch meegaat in de strategische zelfpresentatie van de cliënt. Die is vaak aan de orde als onvrijwillige cliënten al snel komen met uitlatingen als: ik weet wel dat ik mijn agressie moet beteugelen, natuurlijk moet ik wat gaan doen aan mijn drankprobleem, ik ga me vanaf morgen anders gedragen in de klas, ik span me geweldig in om een baan te zoeken. Enige voorzichtigheid is hier geboden. De werker moet laveren tussen het serieus nemen van wat de cliënt zegt en tegelijkertijd niet onkritisch – en zonder doorvra-

gen – overnemen wat de cliënt naar voren brengt. Zowel wantrouwen als naïviteit is een slechte raadgever.

6.4 Verleidingstactieken

In sommige gevallen lukt het niet aansluiting te krijgen bij de cliënt. De maatschappelijk werker kan iemand wel cliënt noemen, maar dat stelt weinig voor als de persoon in kwestie er allesbehalve voor kiest om dat te zijn. Moet de maatschappelijk werker leren dat een beoogde cliënt die nee zegt ook nee bedoelt? Het antwoord op deze vraag zal afhangen van verschillende factoren, onder meer van de zwaarte van de problematiek, de verantwoordelijkheid waarmee de maatschappelijk werker is bekleed en van beroepsethische overwegingen.
Als Slachtofferhulp Nederland, een instelling die outreaching hulp biedt aan slachtoffers van geweld en verkeersongevallen, verneemt dat een slachtoffer geen contact wenst zal die keus doorgaans zonder meer worden geaccepteerd – tenzij er bijvoorbeeld aanwijzingen zijn dat het aanbod verkeerd begrepen is. In andere gevallen, bijvoorbeeld bij kindermishandeling of zelfverwaarlozing tot de dood erop volgt, wordt hulp volhardend opgedrongen, al reageert de cliënt (aanvankelijk) niet of sterk afwijzend. In het al genoemde project in St. Paul (VS) besloten de maatschappelijk werkers keer op keer terug te gaan naar de gezinnen, ook als de deur voor hun neus werd dichtgesmeten. Hiervoor werd gekozen vanwege het belang van de kinderen, die anders (net zoals hun ouders en eerdere generaties) zouden opgroeien in een spiraal van armoede en uitzichtloosheid.
Vindplaatsgericht werken met zwerfjongeren in Roemenië (Van der Laan, 2000) is een volhardende manier van presentie (tegenwoordig zijn voor de ander) die op een bepaald moment kan leiden tot interventie (inzetten van middelen voor probleemoplossing). *Niet* op die manier werken kan beschouwd worden als een manier om de betrokkenen 'aan hun lot over te laten'; al zullen sommigen zeggen: ze kiezen er zelf voor.

Ervan uitgaande dat het maatschappelijk werk er niet alleen is voor 'gemotiveerde' cliënten maar zich ook inspant om beoogde cliënten te *motiveren*, hoeft zwijgen of nee zeggen niet te betekenen dat de maatschappelijk werker zich in zo'n geval terugtrekt. Vindingrijke maatschappelijk werkers zijn creatief in het bedenken van manieren om de cliënt over de streep te trekken en het hoort bij hun professionaliteit dat ze kunnen verantwoorden waarom ze dat doen. In deze paragraaf komen beknopt enkele beproefde manieren aan de orde, die op ver-

schillende plaatsen in de literatuur over maatschappelijk werk beschreven zijn. De term 'verleidingstactieken' is wellicht (iets te) zwaar aangezet, het hangt er maar van af hoe ze in daden omgezet worden. De opzet is toegang te krijgen tot een (beoogde) cliënt die moeilijk of niet toegankelijk is, terwijl toch zeer belangrijke zaken op het spel staan. Technieken die doorgaans niet hoog gewaardeerd worden in het maatschappelijk werk (overreden, overhalen, overtuigen, verleiden, manipuleren) worden ingezet. Enigszins gechargeerd zou men kunnen zeggen dat het doel de middelen heiligt, mits daarmee de grenzen die in de beroepscode zijn aangegeven (zie hoofdstuk 3) niet worden overschreden. Als het werkt, is er een entree. Het zal duidelijk zijn dat er dan nog veel moet volgen voordat van intrinsieke motivatie sprake kan zijn.
Aan de orde komen achtereenvolgens:
1 nut bewijzen;
2 quid pro quo;
3 van de maatschappelijk werker verlost worden;
4 verkoopstrategieën;
5 confronteren met de gevolgen van weigeren.

Ad 1 Nut bewijzen
Voor de optie 'nut bewijzen' kan de maatschappelijk werker kiezen bij een onvrijwillige cliënt die geen moment gelooft dat de hulp van het maatschappelijk werk in zijn belang is. Door hand- en spandiensten aan te bieden bij soms heel eenvoudige, soms complexere zaken waar de cliënt last van heeft, kan de werker proberen toegang tot de cliënt te krijgen. Dit kan alleen in situaties waarin de hulpverlener een lange adem heeft (lees: wanneer werken op langere termijn tot de mogelijkheden behoort). Als er sprake is van een crisis of van een levensbedreigende opvoedingssituatie, dan is snel ingrijpen – dikwijls door of met andere instanties – de boodschap.
'Nut bewijzen' kan betrekking hebben op zaken die raken aan het probleem dat de aanleiding vormde tot de contactlegging, zonder ermee samen te vallen. Aan mevrouw Flipse die haar kinderen verwaarloost, kan hulp geboden worden bij het vinden van oppas of bij het invullen van formulieren. Voor meneer Jansen kan de maatschappelijk werker bemiddelen bij het energiebedrijf om voor te elkaar te krijgen dat gas en licht niet worden afgesloten of een vrijwillige klussendienst inschakelen voor het repareren van het televisietoestel.
De bedoeling is dat de maatschappelijk werker laat zien dat hij concreet iets kan bereiken en van goede wil is, hij bewijst als het ware zijn nut. Zeker bij zeer wantrouwende cliënten is dat een goede techniek,

mits valkuilen worden voorkomen. Ongewild kan het vooroordeel bevestigd worden dat de maatschappelijk werker er is om problemen *voor* de cliënt op te lossen, waarmee emancipatie van de cliënt uit het zicht raakt. Daarom is het van belang de cliënt van meet af aan – ook als het over 'kleinigheden' gaat – zo veel mogelijk te activeren, al is het maar hem die formulieren voor een deel zelf te laten invullen.

Een hulpmiddel bij het bepalen wanneer en hoe 'nut bewijzen' zinvol kan zijn, is de indeling van Fortune (1995). Bij het werken met cliënten die zich moeilijk kunnen handhaven in hun omgeving, onderscheidt zij vier gebieden die in principe door het maatschappelijk werk te beïnvloeden zijn:

- gebrekkige voorzieningen en hulpbronnen (bed, bad, brood, veiligheid);
- tekortschietende probleemoplossende vaardigheden (die kunnen leiden tot een gevoel van hulpeloosheid);
- innerlijke barrières voor probleemoplossing (de cliënt onderschat bijvoorbeeld zijn eigen mogelijkheden);
- gebrekkige sociale netwerken.

Daarbij verdeelt Fortune de cliënten in vier categorieën:

1 mensen die vrijwel niets meer kunnen en in een crisis verkeren;
2 mensen die nog wel wat kunnen, maar moeilijk tot iets komen;
3 mensen die wel wat aankunnen, maar ondersteuning nodig hebben bij de planning;
4 mensen die zichzelf kunnen redden.

Het ligt voor de hand dat voor de eerstgenoemde categorie cliënten allerlei zaken geregeld dienen te worden (zo veel mogelijk met hun medeweten). De strategie is erop gericht om cliënten in toenemende mate zelfredzaam te maken en verantwoordelijkheden die zij zijn kwijtgeraakt, naar hen terug te brengen. Hiermee overstijgt de beschreven aanpak de optie 'nut bewijzen', maar in veel gevallen is deze optie wel het begin.
Het onderscheid dat Fortune maakt tussen mensen die vrijwel niets meer kunnen, mensen die nog wel wat kunnen maar moeilijk tot iets komen en mensen die wel wat aankunnen maar ondersteuning nodig hebben bij de planning, is wezenlijk voor de aanpak. Het maakt veel verschil of cliënten worden gezien als mensen bij wie onvermogen overheerst of als mensen die het wel kunnen maar het er om de een of andere reden bij laten zitten. In het eerste geval is de strategie meer gericht op het overnemen van verantwoordelijkheden, het geven van

instructies en het geven van voorbeelden. In het tweede geval zal de strategie gericht zijn op het in beweging brengen van mensen bij wie het werken met de optie 'quid pro quo' goede diensten kan bewijzen.

Ad 2 Quid pro quo (voor wat hoort wat)

Cliënten die in eerste aanleg van geen bemoeienis van het maatschappelijk werk willen weten, kunnen met de optie 'voor wat hoort wat' ertoe gebracht worden aan een hulpverleningstraject deel te nemen. Als tegenprestatie verkrijgen zij iets wat voor hen van belang is (dak boven het hoofd) of wordt iets wat zij als negatief ervaren (detentie) voorkomen. Werken met 'quid pro quo' sluit aan bij de 'calculerende cliënt' en vraagt van de maatschappelijk werker dat die met hem onderhandelt. Vrucht van de onderhandeling is vaak een compromis. Hoewel een compromis tussen hulpverlener en cliënt niet de meest gunstige oplossing is (beiden moeten iets inleveren), is het altijd te verkiezen boven het op de spits drijven van meningsverschillen waardoor hulpverleningscontacten worden verbroken of ernstige averij oplopen (Brinkman, 1998, p. 129).

Een cliënt met psychiatrische klachten wordt na een gedwongen opname ontslagen en kan weer zelfstandig wonen, mits hij de voorgeschreven medicijnen inneemt. Dit laatste geeft grote problemen want de cliënt klaagt dat de medicijnen hem een droge mond bezorgen en hem slaperig maken. De maatschappelijk werker vreest dat niet-innemen van de medicijnen tot terugval zal leiden.
In gesprekken met de cliënt wordt duidelijk dat hij zeer grote waarde hecht aan zelfstandig wonen. Aan het innemen van de medicijnen hecht hij totaal geen waarde. De maatschappelijk werker gaat met hem na in hoeverre het verwaarlozen van de medicatie het zelfstandig wonen bedreigt. In dezelfde periode blijkt dat het rijbewijs van de cliënt tijdens de opname verlopen is. In overleg wordt afgesproken om te werken aan twee voor de cliënt belangrijke doelen: zelfstandig blijven wonen en het rijbewijs terugkrijgen. Voor beide doelen is nodig dat cliënt zich houdt aan de medicatie, waarbij geprobeerd wordt met een aangepaste dosering de bijwerkingen te verminderen.

Feitelijk berusten vele vormen van voorwaardelijke hulpverlening op het principe 'quid pro quo'. Mensen mogen in hun huis blijven wonen en er wordt schuldsanering gestart, op voorwaarde dat zij instemmen met begeleiding bij het budgetteren en/of bij het veranderen van een destructieve rolverdeling in het gezin. In zekere zin kan gesproken worden van koppelverkoop: de cliënt wil A en moet daarvoor met B betalen. Het koppelen is een start, maar de motivatie voor B moet veelal nog ontwikkeld worden.

Ad 3 Van de maatschappelijk werker verlost worden

Sommige cliënten zijn op geen enkele manier, met woorden noch met daden, te overtuigen van het belang dat (meewerken aan) de hulp voor hen kan hebben. Het lukt niet om hen tot enigerlei vorm van samenwerking te bewegen. Soms blijft er maar één krachtige drijfveer over: de hekel die de cliënt heeft en blijft hebben aan de opgedrongen bemoeienis van de maatschappelijk werker. Het enige belang waarop hij zich laat aanspreken is: zo gauw mogelijk daarvan verlost te worden: 'Ik heb geen problemen. Het enige waar ik last van heb, is dat jij je met mij bemoeit.' De probleemdefinitie wordt dan: 'U vindt het een probleem dat u met mij te maken hebt; kunnen we samen zoeken op welke manier wij zo snel mogelijk van elkaar af kunnen komen?'
Deze mogelijkheid doet zich alleen voor als het verbreken van het contact zwaarwegende consequenties heeft voor de cliënt. Uitgangspunt is de constatering dat men voorlopig tot elkaar veroordeeld is en dat het van werkelijkheidszin en nuchterheid getuigt om ervan te maken wat ervan te maken valt. Intrinsieke motivatie lijkt ver weg, maar is ook vanuit deze startpositie niet onbereikbaar.

Ad 4 Verkoopstrategieën

Een van de strategieën die Henselmans (1993) voor het ambulant werken met patiënten met langdurige psychiatrische klachten toepast, noemt hij de strategie van de koopman. Hij citeert Goldman (1990):

> ***'De verkoper die de opvatting van een klant wil veranderen moet eerst bewerkstelligen dat de klant wil veranderen. De klant moet indirect zo beïnvloed worden, dat hij uit zichzelf het standpunt van de ander inneemt en het tot het zijne maakt. Daarom is van alle overtuigingsmethoden de discussie de slechtste. Wees voorzichtig zodra u merkt dat uw opvattingen en die van uw klant uiteenlopen. Maak voorlopig geen melding van de dingen waarover u het niet met de klant eens bent. Zorgt u ervoor dat een gemeenschappelijk uitgangspunt wordt bereikt door het benadrukken van opvattingen waarover u het samen eens bent. Maak de klant duidelijk in hoeverre u zijn mening deelt, dat hij in vele opzichten***

gelijk heeft en dat u zijn standpunt begrijpt. Vermijd het, indien mogelijk, over negatieve dingen te spreken. Vóór u een opvatting van de klant weerlegt, moet u zich afvragen: is het voor mijn doel noodzakelijk dat ik hierover begin?'

Deze aanpak draagt wellicht met het meeste recht de naam 'verleidingstactiek'. Denkbaar is dat ze wordt gebruikt om bijvoorbeeld mensen die leven in een sterk vervuilde omgeving te bewegen enige hulp te accepteren bij het schoonmaken, of iemand die alleen nog alcohol drinkt te verleiden van een maaltijdservice gebruik te maken.
Volgens Brinkman (2000, p. 134) kunnen maatschappelijk werkers de technieken van reclamemakers gebruiken: 'Het kan nodig zijn dat je cliënten op slinkse wijze in beweging brengt. (...) Je kunt ook bij jezelf te rade gaan: hoe krijg je in je privéleven iets gedaan van anderen wat ze niet willen?'
Behartenswaardig is ook de aanbeveling om – als het eerste doel is de cliënt in beweging te krijgen – niet met hem te gaan discussiëren en vooral te zoeken naar een gemeenschappelijk uitgangspunt.
Niet ondenkbaar is dat bij deze strategie de vraag gesteld wordt: is dit nu nog wel maatschappelijk werk? Op deze manier raak je wel heel ver verwijderd van het ideaal van de autonome cliënt buiten wiens medeweten en zonder wiens toestemming niet gehandeld wordt. Het antwoord is: deze handelwijze is alleen gelegitimeerd als het gaat om cliënten die een gevaar vormen voor zichzelf en/of voor anderen, die op een meer open, directe wijze niet toegankelijk zijn en die bijvoorbeeld bedreigd worden met huisuitzetting of een gedwongen opname. Indien de criteria voor zorgvuldig hulp verlenen en de richtlijnen van de beroepscode in acht worden genomen, is ook deze aanpak te legitimeren.

Ad 5 Confronteren met de gevolgen van weigeren

De laatste tactiek, 'confronteren met de gevolgen van weigeren', heeft paradoxale kanten. Enerzijds is het een middel om de cliënt toch nog te bewegen de deur op een kier te zetten, anderzijds is het een manier om af te ronden: 'U kiest, maar weet u waarvoor u kiest?' Het element verleiding staat hier minder voorop, overreding en/of confrontatie staan op de voorgrond. Zowel wettelijk als sociaal onvrijwillige cliënten kunnen duurzaam hulp afwijzen, ook al heeft de hulpverlener met volharding en inventiviteit geprobeerd een ingang te vinden. Deze vrijheid mag de cliënt niet ontzegd worden, of liever: die is er gewoon. Contacten kunnen afgedwongen worden, maar deelnemen aan een hulpverleningsrelatie niet, laat staan hulpverleningsresultaten.

Voor de maatschappelijk werker is het altijd zinvol om na te gaan of de afwijzing het gevolg is van een 'gestolde' reactance, die is ontstaan nadat één of meer hulpverleners op een verkeerde manier op de oorspronkelijke reactance ingegaan zijn (door bijvoorbeeld de cliënt te etiketteren of te stigmatiseren). Als dat zo is, kan het besproken worden en kan de cliënt mogelijk een 'corrigerende emotionele ervaring' geboden worden.

Als het de cliënt ernst is met zijn afwijzing mag er geen onduidelijkheid bestaan over de gevolgen die dit voor de cliënt heeft. Voor wettelijk onvrijwillige cliënten kan het bijvoorbeeld betekenen dat gevangenisstraf uitgezeten moet worden, dat ouderlijk gezag wordt beperkt of een kind uit huis geplaatst wordt. Voor sociaal onvrijwillige cliënten kan het uitdraaien op vermindering van een uitkering, opzegging van een huurcontract of een echtscheiding. Als duidelijk wordt dat deze consequenties geen praatjes voor de vaak zijn, keren mensen soms op hun schreden terug en kiezen ze alsnog voor de start van een hulpverleningsproces.

Blijven zij bij hun weigering, dan zal bij sociaal onvrijwillige cliënten het contact meestal verbroken worden, tenzij het gaat om cliënten bij wie op basis van bemoeizorg toch zo nu en dan een oogje in het zeil wordt gehouden. Als er een wettelijke opdracht tot contact is waaraan niet wordt voldaan, is het aan de rechter om te beslissen wat hiervan de gevolgen zijn. Wanneer taakstraffen niet worden uitgevoerd, zal de voorwaardelijke straf omgezet worden in definitieve gevangenisstraf. Als ouders binnen het kader van een ondertoezichtstelling alle medewerking weigeren, kan ontheffing van het ouderlijk gezag volgen inclusief uithuisplaatsing van de kinderen.

Meneer Grebius besloot, na een uitvoerige intakeprocedure waarin alle pro's en contra's uitvoerig aan de orde kwamen, mee te doen aan een project voorwaardelijke hulpverlening. Hij kon in zijn huis blijven wonen (lees: huisuitzetting ging niet door) wanneer hij hulp accepteerde bij het op orde brengen van zijn financiën. Zijn toezegging deed hij echter niet gestand: hij verscheen niet op afspraken, was niet thuis bij een gepland huisbezoek, gaf geen inzage in bescheiden. Na een brandbrief verscheen hij toch op het bureau. In dit gesprek werd hij geconfronteerd met het niet-nakomen van de afspraken die waren vastgelegd in het contract. Hij beloofde beterschap, maar na een tijdje herhaalde de situatie zich. Voor het project betekende dit dat mijnheer Grebius zich onttrok aan zijn verplichtingen en dat – volgens contractuele afspraken – de woningbouwvereniging op de hoogte gesteld zou worden. Mijnheer Grebius werd kwaad en verweet de maatschappelijk werker pietluttigheid. Binnen een week verliet hij zijn huis en vertrok met de noorderzon.

Deze cliënt was op de hoogte van de consequenties en hij aanvaardde ze. Hoe komt het dan dat maatschappelijk werkers met een situatie als die van meneer Grebius zelden vrede hebben? Omdat ze de consequenties willen benutten als aanjager van verandering. Het lastige in dit soort situaties is dat 'confronteren met consequenties' alleen op die manier werkt wanneer die consequenties ook daadwerkelijk worden getrokken. Dat betekent dus stoppen. Aan de andere kant is het er in de meeste gevallen juist om begonnen de cliënt gedrag aan te leren (inclusief coöperatie met de maatschappelijk werker) dat hij nu juist niet beheerst. Moet dan meteen de bijl maar vallen? Meestal is het niet een kwestie van 'meteen' en krijgt de cliënt ruimte voor *trial and error*. Als de bijl echter een speelgoedwapen blijkt te zijn, wordt de hele (voorwaardelijke) hulpverlening een farce. Zoeken naar de gulden middenweg ligt voor de hand, maar het karakter van een dilemma is nu juist dat er geen gulden middenweg is.

6.5 De deur verder open

Als de eerste stappen in het begincontact, eventueel na gebruikmaking van verleidingstactieken, resultaat hebben gehad, wacht de cliënt en werker nog een moeilijke taak: tot overeenstemming komen over de problemen die in het hulpverleningsproces centraal komen te staan. Om het werken van buiten naar binnen te stimuleren en de verbinding tussen emanciperen en disciplineren te handhaven, is het van belang de cliënt daartoe uitdrukkelijk uit te nodigen. Hoe kijkt de cliënt aan tegen de van buiten komende probleembenoeming en welke andere problemen spelen volgens hem een rol in zijn leven?

VAN BUITEN

Bij onvrijwillige hulpverlening is er een probleembenoeming van buitenaf, die – na onderzoek – door het maatschappelijk werk is overgenomen. Niet in de zin dat het maatschappelijk werk zich volledig identificeert met de partij die klachten of zorgen heeft geuit (rechter, onderwijzer, arts, buurvrouw). Wel heeft het maatschappelijk werk zich ervan vergewist dat deze partij zich baseert op feiten die kunnen

wijzen op gevaren voor de cliënt, zijn directe omgeving of de samenleving in brede zin. Ook wordt serieus genomen dat uit het min of meer dwingende signaal blijkt dat de cliënt ofwel in conflict is met de omgeving of dat uitsluiting dreigt.
De externe probleembenoeming die aanleiding is tot het contact met de cliënt, kan maken dat deze zich zwaar in zijn eer aangetast voelt; hij kan op allerlei manieren verzet aantekenen tegen de 'onbevoegden' die zijn territorium betreden. Gedoseerd empathisch reageren van de maatschappelijk werker is mogelijk, zonder dat daarmee iets wordt afgedaan aan hetgeen dat 'van buiten komt' en aan de mate van drang of dwang waarmee dat gepaard gaat. De al besproken rolverduidelijking van de maatschappelijk werker zal (mede) de uitleg inhouden dat hij geen 'agent' is van de andere partij, maar werkelijk de bereidheid heeft met de cliënt stil te staan bij de betekenis van zijn vrijheidsbeperking en samen te zoeken naar wegen om die op te heffen.

NAAR BINNEN

Als de cliënt bereid gevonden wordt de deur letterlijk en figuurlijk wat verder te openen en als het lukt om het stadium van de boodschapper-als-boosdoener te passeren, komt de in het maatschappelijk werk gebruikelijke probleemanalyse binnen bereik. Zowel factoren op het niveau van de persoon als factoren op het niveau van omgeving en maatschappij (zeg maar micro-, meso- en macroaspecten) worden daarin meegenomen (Snellen, 2007). Het startpunt is de externe probleembenoeming, die op één of meer niveaus geformuleerd kan zijn (bijvoorbeeld: zorg om de zich grillig gedragende en zichzelf verwaarlozende persoon, overlast voor de omgeving, vrees voor toename van maatschappelijk geweld).
Wanneer de maatschappelijk werker het perspectief bij de cliënt legt, zullen de zwaartepunten in de probleembenoeming doorgaans anders gelegd worden dan wanneer dat van buitenaf gebeurt. Als bijvoorbeeld in de externe probleemanalyse schulden vooropstaan, kan uit de exploratie met de cliënt blijken dat de schulden vooral het gevolg zijn van pogingen om nijpende interne gezinsproblematiek en/of eigen maatschappelijk falen op te lossen. Als het laatste speelt, kan het bijvoorbeeld zo zijn dat het gezin zich mee laat zuigen in een soort wedloop met de buren wie er het knapst bij zit (terwijl bruin dat niet kan trekken). In dat geval blijven de schulden een probleem, maar daaraan werken zonder het andere probleem mee te nemen is weinig zinvol.
Voor de cliënt kan bovendien nog een ander probleem spelen dat op zich weinig met de schulden te maken heeft, maar wel een groot beslag legt op zijn draaglast. Bijvoorbeeld: grootmoeder is hulpbehoe-

vend en onverwacht alleen komen te staan. Daarom is ze bij het gezin ingetrokken en dat brengt weliswaar enige inkomsten mee, maar vooral ook stress – omdat ze overal commentaar op heeft. Inmiddels zijn er al vaak ruzies geweest en iedereen (ook grootmoeder) is het erover eens dat ze het gezin moet verlaten. Er zijn echter bij alle verzorgingshuizen immense wachtlijsten en privé-instituten zijn onbetaalbaar.
Het voorbeeld is tamelijk complex, maar zeker niet complexer dan de probleemanalyse bij de meeste onvrijwillige cliënten. Afgezien van de drie niveaus (micro-, meso- en macro-) vallen hier nog drie andere lagen te onderscheiden.

- De laag van het externe probleem (in het voorbeeld de grote schuldenlast).
- De laag van het 'interne' probleem dat direct (causaal of anderszins) met het externe samenhangt (problematische gezinsrelaties, extreem compensatiegedrag).
- De laag van een ander intern probleem dat min of meer losstaat van het externe probleem, maar wel de draagkracht van de betrokkene(n) belast (stress door inwonende (groot)ouder).

De opgave voor werker en cliënt is uit deze drie lagen een keuze te maken voor de aanpak van die problemen of probleemaspecten die voor de cliënt tot verlichting kunnen leiden én van directe invloed zijn op het extern geformuleerde probleem. Bij de keuze welke elementen dat zijn, gelden dezelfde regels als in elke hulpverlening van het maatschappelijk werk: het moet de cliënt aanspreken en voor hem prioriteit hebben, het moet haalbaar zijn en dermate begrensd dat binnen een beperkt tijdsbestek resultaten behaald kunnen worden. Het extra element is hier dat bij hulpverlening onder dwang of drang heel serieus rekening dient te worden gehouden met externe eisen. Bij de selectie van werkpunten zal de maatschappelijk werker steeds aansluiten bij de beleving, verlangens en mogelijkheden van de cliënt, maar tevens de externe realiteit representeren. Eerder werd dit aangeduid als het werken op twee sporen.

WAAR WILLEN EN MOETEN WE UITKOMEN?

Werkpunten dienen altijd te worden omgezet in doelen, omdat het anders te vrijblijvend is. Juist omdat het vaak zo lastig is om op één lijn te komen, laten maatschappelijk werkers de doelen niet zelden in het vage, hetgeen de kwaliteit van hun werk aantoonbaar negatief beïnvloedt (Munro, 1998).
Doelen dienen geformuleerd te worden in concrete resultaten, die ook door de cliënt onderschreven worden. Net zoals in andere maatschap-

pelijkwerksituaties zal het niet alleen gaan om het bewerkstelligen van veranderingen bij de cliënt, maar evenzeer bij de omgeving (soms moeten ook op het niveau van de maatschappij signalen worden afgegeven). Net zoals in andere maatschappelijkwerksituaties zullen taken worden uitgevoerd door zowel de cliënt (daarbij waar nodig gecoacht door de maatschappelijk werker) als de werker (Jagt & Jagt, 2004). In dit geval is echter van belang dat het bereiken van de doelen tevens de zorgen en klachten uit de omgeving wegneemt of vermindert, dan wel de relatie met die omgeving zelf verandert, waardoor ook de zorgen en klachten zoveel mogelijk wegvallen.
Wanneer van buitenaf harde (wettelijke) eisen worden gesteld, is het vaak nodig dat de andere partij (bijvoorbeeld de rechter) goedkeuring hecht aan de gemaakte plannen en geformuleerde doelen. Daarom moet altijd helder zijn wat de eisen concreet betekenen, wat precies veranderd moet worden, of liever: met welk minimumniveau de 'andere partij' akkoord gaat, en waar 'de streep' getrokken wordt. Zo nodig zullen maatschappelijk werker en/of cliënt daar navraag naar moeten doen. Wat *willen* we samen bereiken, moet grotendeels samenvallen met wat *moeten* we samen bereiken. Als dat lukt is de onvrijwillige cliënt een eindje opgeschoven naar de pool van de vrijwilligheid. Immers, niets is motiverender dan een concreet en haalbaar doel dat je zelf (mede) hebt geformuleerd en dat perspectief geeft op herwonnen vrijheid. In het ideale geval zelfs op grotere vrijheid dan je tevoren had.

Na bestudering van dit hoofdstuk kan de lezer:

- **met argumenten onderbouwen waarom methodisch omgaan met signalen van belang is;**
- **aangeven op welke vragen een instelling antwoord moet geven in verband met het verzamelen en analyseren van signalen;**
- **een eerste contact met een onvrijwillige cliënt systematisch voorbereiden;**
- **zorgen voor een duidelijke en directe introductie bij de cliënt, met vermijding van onnodige reactance;**
- **de reactie van de cliënt exploreren op zowel de drang of dwang als de 'externe' probleemomschrijving;**
- **werken op twee sporen in een begincontact in praktijk brengen;**
- **uitleggen waarom en wanneer het gebruik van verleidingstactieken om de cliënt in beweging te krijgen wel of niet verantwoord is;**
- **een eigen, creatief voorbeeld geven van een overredings- of verleidingstactiek;**
- **aan de hand van een eigen voorbeeld uiteenzetten hoe het werken op twee sporen in praktijk wordt gebracht bij het vaststellen van werkpunten en doelen.**

Schema voortraject, contactlegging en beginfase van onvrijwillige hulpverlening

Voortraject

1 SIGNALEN VERZAMELEN

- Van wie komt het signaal?
- Hoe wordt het signaal onder woorden gebracht?
- Wat is de ernst van de gebeurtenissen die zijn gesignaleerd?
- Met welke regelmaat doen de gebeurtenissen zich voor?
- Sinds wanneer doen de gebeurtenissen zich voor?
- Wat is de reden dat de melder nu komt?
- Welke pogingen heeft de melder zelf gedaan om invloed op de gebeurtenissen uit te oefenen?
- Weet de betrokkene (= de beoogde cliënt) van de melding af?

2 SIGNALEN ANALYSEREN

Het analyseren van de signalen gebeurt in twee ronden. In de eerste ronde gaat het om het stellen van vragen bij de signalen.

- Wat is de relevantie?
- Wat is de frequentie?
- Wat is de ernst?
- Hoe specifiek zijn de signalen?

In de tweede ronde gaat het om het toetsen van de signalen aan informatie uit andere bronnen.

- Stemt de informatie uit andere bronnen met de signalen overeen?
- Wat zijn de overeenkomsten en verschillen?
- Komt uit de verzamelde informatie een samenhangend beeld naar voren?

3 BESLUITEN TOT CONTACTLEGGING

Indien de analyse aanleiding geeft om contact te leggen, doen zich twee (te combineren) mogelijkheden voor.

- De melder wordt gevraagd met de potentiële cliënt contact op te nemen en wordt hierbij zo nodig ondersteund.
- Een hulpverlener van de instelling benadert de potentiële cliënt.

In beide gevallen is het van belang om vooraf vast te stellen met welke vraag of met welke opdracht het contact zal worden gelegd.

Contactlegging

4 WIJZE VAN CONTACT LEGGEN

- Zonder aankondiging vooraf.
- Met aankondiging vooraf:
  - schriftelijk;
  - mondeling.
- Door een medewerker of gezaghebbend iemand die met de potentiële cliënt een goed contact had of heeft.
- Aandachtspunten:
  - niet invullen voor de cliënt;
  - afstemmen op (de cultuur van) de doelgroep;
  - waar mogelijk werken met het sociale netwerk;
  - tijdstip van contact leggen zorgvuldig bepalen.

5 ALGEMENE RICHTLIJNEN VOOR BEGINCONTACTEN

- Wees duidelijk en direct over de aanleiding van het contact, mijd omwegen en een lange aanloop.
- Benoem feiten en noem de norm of waarde die in het geding is, maar wees niet beschuldigend, defensief of moraliserend.
- Wees bedacht op meer of minder heftige reacties van reactance en strategische zelfpresentatie. Reageer gedoseerd empathisch.
- Exploreer de reacties van de cliënt op het opgedrongen hulpverleningscontact enerzijds en op de externe probleembenoeming anderzijds.
- Besteed ruim aandacht aan rolverduidelijking van zowel de rol die van de cliënt wordt verwacht als de eigen rol. Maak er – op punten waar dat realistisch is – een goednieuwsboodschap van.
- Sta stil bij de voorgeschiedenis van het eerste contact (het strafproces, de huisuitzetting) en de verwachtingen die de cliënt heeft van maatschappelijk werk.
- Geef duidelijk aan wat onderhandelbaar is en wat niet.
- Heb niet slechts oog voor problematische aspecten, maar zeker ook voor de sterke en positieve kanten van de cliënt.

Verleidingstactieken bij barrières contactlegging

6 NUT BEWIJZEN
Strategie bij onvrijwillige cliënt die zeer wantrouwig en afwerend is.
- Verlenen van hand- en spandiensten laat goede bedoelingen zien, geeft entree en een kans om de werkrelatie verder uit te bouwen,
- Aandachtspunt: cliënt zo veel mogelijk inschakelen (participatie).

7 QUID PRO QUO (VOOR WAT HOORT WAT)
Strategie bij beoogde cliënt die vooralsnog hulp afwijst maar in een proces van onderhandelen overgehaald wordt om deel te nemen.
- Cliënt neemt deel aan een hulpverleningsproces als tegenprestatie voor het verkrijgen van iets wat voor hem van belang is (bijvoorbeeld onderdak) of het voorkomen van iets wat hij als negatief ervaart (bijvoorbeeld detentie).
- Doorgaans is onderhandelen met de cliënt vereist, waarbij het resultaat vaak een compromis is.

8 VAN DE WERKER VERLOST WORDEN
Strategie als de enige drijfveer van de beoogde cliënt is: ik wil van jou afkomen.
- Geeft kansen als de cliënt de consequenties van afbreken te zwaar vindt.
- Uitgangspositie: cliënt en werker zijn min of meer tot elkaar veroordeeld.
- De start is gebaseerd op werkelijkheidszin en nuchterheid.

9 VERKOOPSTRATEGIEËN
Strategie bij weigerachtige cliënten die gevaar lopen uit huis gezet te worden of een gedwongen opname riskeren.
Aandachtspunten:
- ga niet met de cliënt discussiëren;
- zoek naar punten waar je het met de cliënt over eens bent;
- bevestig de cliënt waar je zijn mening deelt en zijn standpunt begrijpt;
- vermijd zoveel mogelijk over negatieve dingen te praten;
- weerleg geen opvattingen van de cliënt, indien niet strikt nodig.

10 CONFRONTEREN MET DE GEVOLGEN VAN WEIGEREN
Strategie als alle eerdergenoemde strategieën falen.
- Reflecteer op de vraag: is afwijzing een gevolg van tekortschieten van de werker?

- Laat bij definitieve afwijzing geen onduidelijkheid bestaan over de gevolgen (straf uitzitten, uithuisplaatsing kind, echtscheiding, stopzetten schuldhulpverlening).
- Zie het als een stap in een ambivalentieontwikkelingsproces wanneer de cliënt onder druk van confrontatie met de gevolgen alsnog hulp aanvaardt.

Begin professionele samenwerkingsrelatie

11 DE DEUR VERDER OPEN

Nu de deur open is volgt het gezamenlijk vaststellen welke problemen prioriteit hebben in het hulpverleningsproces. Wezenlijk hierbij zijn: het werken van buiten naar binnen en het handhaven van de verbinding tussen emanciperen en disciplineren.

Belangrijke onderdelen van het proces zijn:

- de externe probleemdefinitie benoemen;
- de cliënt uitnodigen zijn visie hierop te geven;
- de cliënt uitnodigen 'eigen' problemen te noemen;
- komen tot een (gedeeltelijk) gezamenlijke probleemdefinitie;
- gezamenlijk vaststellen welke problemen primair aandacht krijgen;
- gezamenlijk doelen bepalen bij de geselecteerde problemen: wat moet concreet bereikt worden en met welk minimumniveau gaat de 'andere partij' akkoord?

Lijst van afkortingen

AMK	Advies- en Meldpunt Kindermishandeling
AMW	Algemeen maatschappelijk werk
BJZ	Bureau Jeugdzorg
BOPZ	Bijzondere Opnamen Psychiatrische Ziekenhuizen
BUPO-verdrag	Internationaal verdrag inzake burgerrechten en politieke rechten
GGD	Gemeentelijke Geneeskundige Dienst
GKB	Gemeentelijke Kredietbank
GSD	Gemeentelijke Sociale Dienst
ET	Elektronisch Toezicht
GGZ	Geestelijke gezondheidszorg
HALT	Het Alternatief
IBS	Inbewaringstelling
MVV	Machtiging tot voortgezet verblijf
MWD	Maatschappelijk Werk en Dienstverlening
NJi	Nederlands Jeugdinstituut
NVMW	Nederlandse Vereniging van Maatschappelijk Werkers
OM	Openbaar Ministerie
ORJ	Overleg risicojongeren
OTS	Ondertoezichtstelling
PAAZ	Psychiatrische Afdeling Algemeen Ziekenhuis
SHG	Steunpunt Huiselijk Geweld
tbs	Terbeschikkingstelling
VI	Voorwaardelijke invrijheidstelling
VM	Voorlopige machtiging
WGBO	Wet op de Geneeskundige Behandelingsovereenkomst
WMO	Wet Maatschappelijke Ondersteuning
WSNP	Wet Schuldsanering Natuurlijke Personen

Geraadpleegde literatuur

Achterhuis, H. (1980). *De markt van welzijn en geluk.* Baarn: Ambo.

Baars, H. & Bolwijn, P. (1996). Sociale netwerkinterventies: bouwen aan sociale integratie. In: *Handboek Maatschappelijk Werk Methodiek.* Houten: Bohn Stafleu van Loghum.

Baart, A.J. (2001). *Een theorie van de presentie.* Utrecht: Lemma.

Baeten, P.A.C.M. & Kinderen, H.M.J. de (2000). *Adviezen en meldingen. Jaarcijfers 1998 en 1999 Advies- en Meldpunten Kindermishandeling.* Utrecht: NIZW.

Bartels, J. (1984). *Hulpverleningsrecht: de rechtsverhouding tussen cliënt en hulpverlener in de maatschappelijke en psychosociale dienstverlening.* Deventer: Kluwer.

Bemiddelaar bij burenruzies boekt succes (2000). *NRC-Handelsblad,* 27 mei, over onderzoek van de Erasmus Universiteit in Rotterdam.

Berg, R. van den (1995). Verantwoordelijkheid overnemen. Variaties op een thema. *Passage,* 4.

Berg, R. van den (1997). *In huiselijke sfeer. Methodiek van de woonbegeleiding.* Utrecht: NIZW.

Berge, I.J. ten (1998). *Besluitvorming in de Kinderbescherming.* Delft: Eburon.

Berghmans, R.L.P. (1992). *Om bestwil. Paternalisme in de psychiatrie.* Amsterdam: Thesis Publishers.

Beroepscode voor de maatschappelijk werker (1990). Utrecht: LVMW (latere uitgaven tot 2009: NVMW).

Bersselaar, V. van den (red.) (1999). *Zorgvuldig hulpverlenen. Maatschappelijk werk en sociale participatie.* Assen: Van Gorcum.

Beyaert, F. (1998). Beroepscode in het forensisch maatschappelijk werk. In: S. Timmer (red.), *Tijd voor ethiek.* Bussum: Coutinho.

Bok, P. de (1997). De voorwaarden van derden zijn de hefboom voor hulpverlening. Interview met Geertien Pols. *Tijdschrift voor de Sociale Sector,* 6, 20-24.

Braam, S. (1998). Gekken op karton. *De Groene Amsterdammer,* 28 oktober.

Braams, R. (1995). Medicijnen in de cake. Behandelaars van geesteszieken schipperen tussen drang en dwang. *NRC-Handelsblad,* 7 oktober.

Brehm, S.S. & Brehm, J.W. (1981). *Psychological reactance. A theory of freedom and control.* New York: Academic Press.

Brink, H. van den (1999). De positie van de werker en de instelling in een veranderende sociaal-politieke context. In: V. van den Bersselaar (red.), *Zorgvuldig hulpverlenen. Maatschappelijk werk en sociale participatie.* Assen: Van Gorcum.

Brinkman, F. (1998). *Cliënten met een psychiatrische diagnose.* Houten/Diegem: Bohn Stafleu van Loghum.

Brinkman, F. (2000). *Individuele gespreksvoering.* Houten/Diegem: Bohn Stafleu van Loghum.

Buitink, J. & Gommers, E. (1996). Kansenbiedende hulpverlening. *Vangnet*, 1.
Burns, P. (1994). *Pro-social Practices in Community Corrections*. Melbourne: Monash University.
Clark, C. (1998). Self-determination and paternalism in community care: Practice and prospects. *British Journal of Social Work*, 28.
Derks, W.H. (1998). De TBS in discussie. *Proces*, 5/6.
Deijkers, E., e.a. (1995). *De gezinsvoogdij in theorie en praktijk*. Utrecht: Vedivo.
Doek, J. (1998). Ethische vragen in en aan de jeugdhulpverlening. In: S. Timmer (red.), *Tijd voor ethiek*. Bussum: Coutinho.
Dooremalen, J.C.J. (1996). Gevraagd: Maatschappelijk werkers die willen/kunnen omgaan met ongemotiveerde cliënten. Lezing op het congres van de NVMW, 7 november.
Doorn, L. van, Etten, Y. van & Gademan, M. (2008). *Outreachend werken. Handboek voor werkers in de eerste lijn*. Bussum: Coutinho.
Ebskamp, J. & Kroon, H. (1990). *Ethisch leren denken*. Nijkerk: Intro.
Engelen, M. van & Erdogan, A. (1999). Gestoord in de stad. *Het Parool*, PS van de week, 20 november.
Fauwe, L. de (2009). *Een moeilijke jeugd. De zoektocht van Anita Leeser, kinderrechter*. Amsterdam: Bert Bakker.
Folgering, L. (1994). Macht of gezag – kwestie van vertrouwen. *Perspectief*, 4.
Fortune, A. (1995). Ontoereikende voorzieningen en hulpbronnen. In: W. Reid, *Taakgerichte strategieën*, 257-282. Houten/Diegem: Bohn Stafleu van Loghum.
GGD-Stadsgewest Breda: Stuurgroep Problematische woningvervuiling (1996). *Protocol Problematische woningvervuiling*, mei.
Ginneken, P. van (1996). De juridische merites van het zelfbindingscontract. *Maandblad Geestelijke Volksgezondheid*, 1.
Goldman, H.M. (1990). *Klanten maken, klanten binden*. Alphen aan den Rijn: Samsom.
Haans, G. (2000). *Themaboek Kinderbescherming*. Amsterdam: SWP.
Haasken, R. e.a. (1996). *Methodiek integrale hulpverlening*. Utrecht: SWP.
Handboek Reclassering (1996). 's-Hertogenbosch: Reclassering Nederland.
Haveman, R. & Staffeleu, J. (1990). *Daders van seksueel geweld: straffen of behandelen*. Houten/Antwerpen: Bohn Stafleu van Loghum.
Heerma van Voss, A.J. (1993). *De haas en de jager*. Amsterdam: Meulenhoff.
Henselmans, H. (1991). Outreaching werken. *Handboek Maatschappelijk Werk*. Houten/Diegem: Bohn Stafleu van Loghum.
Henselmans, H. (1993). *Bemoeizorg, ongevraagde hulp voor psychotische patiënten*. Delft: Eburon.
Henselmans, H. e.a. (1991). Bemoeizorg. *Maandblad Geestelijke Volksgezondheid*, 11.
Hermanns, J. & Menger, A. (2009). *Walk the line. Verslag openbare les*. Utrecht: Hogeschool Utrecht.
Hesser, K.E.H. & Hout, A. van (1992). Een sociaal-ecologisch perspectief voor hulpverlening. *Sociale Interventie*, 3.
Heyman, T.H. (1996). *Kwaliteit van het maatschappelijk werk*. Houten/Diegem: Bohn Stafleu van Loghum.
Hogeschool van Amsterdam (1997). *Functiescholing voor beginnende gezinsvoogdijwerkers, modulen 1, 2 en 3*.
Holstvoogd, R. (2006). *Maatschappelijk werk in kerntaken. Een nieuw profiel van de beroepspraktijk*. Houten: Bohn Stafleu van Loghum.
Horwath, J. (1999). Samenwerking tussen instellingen bij het vermoeden van het syndroom van Münchhausen by proxy: Dilemma's voor de hulpverlening. *Paspoort*, 3, 95-113.

Inklaar, A. (1999.) Met het oog op de kinderen. Interview met Patricia Damen en Bob Weijsters over Buurtnetwerken Jeugdhulpverlening. In: *Context IMW Breda*.

Ivanoff, A., e.a. (1994). *Involuntary Clients in Social Work Practice*. New York: Aldine de Gruyter.

Jagt, L. (1997). Werken met onvrijwillige cliënten. In: *Handboek Maatschappelijk Werk Methodiek*. Houten/Diegem: Bohn Stafleu van Loghum.

Jagt, L. (1998). Ik spreek de mensen op straat aan. Interview met Sigrid van Gils. *Maatwerk*, 5.

Jagt, L. & Jagt, N. (2004). *Taakgerichte hulpverlening in social work*. Houten: Bohn Stafleu van Loghum.

Jagt, L. e.a. (1997). *Rapport Projectgroep Werkbegeleiding*. Wychen: LVSB.

Jagt, N. (1990). *Marie Kamphuis. Interview met een pionier van het maatschappelijk werk*. Utrecht: SWP.

Jagt, N. (1997). Een geregeld bestaan, verslag van de première van een film over voorwaardelijke hulpverlening op 31 januari 1997 (ongepubliceerd).

Jagt, N. (2006). *Beroepsprofiel van de maatschappelijk werker*. Utrecht: NVMW.

Janssen, J.H.G. (2007). *De nieuwe code gedecodeerd. Maatschappelijk werk en beroepsethiek*. Baarn: HBuitgevers.

Jens, L.F. (1972). *Beroepsethiek en code van de maatschappelijk werker*. Deventer: Van Loghum Slaterus.

Jens, L.F. (1999). Commentaar op de code. Niet gepubliceerde correspondentie.

Jong, P. de & Miller, S.D. (1998). Op zoek naar de kracht van de cliënt. *Paspoort*, 1, 67-82.

Junger-Tas, J. (1997). Preventie is beter dan de inrichting. *NRC-Handelsblad*, 23 september.

Kadushin, H. & Kadushin G. (1997). *The social work interview*, 4th ed. New York: Columbia University Press.

Kagle, J.D. (1999). Misleiden we onszelf als het gaat om bedrog? *Paspoort*, 1, 39-54.

Kamphuis, M. (1963). *Nieuwe wegen in het werken met probleemgezinnen*. Alphen aan den Rijn: Samsom.

Kamphuis, M. (1969). *Het avontuur in St. Paul*. Alphen aan den Rijn: Samsom.

Keith-Lucas, A. (1972). *Giving and Taking Help*. Chapel Hill: University of North Carolina Press.

Kelk, C. (1998). Krijgt de delinquent de resocialisatie die hij verdient? In: K. Schuyt & M. Kommer (red.), *Niet bij straf alleen*. Amsterdam: University Press.

Kraaykamp, J.J.H. (1974). *Als je voor een dubbeltje geboren bent*. Groningen: Wolters-Noordhoff.

Kuijpers, J. (1999). Luisteren naar 'crimineeltjes'. Interview met Petri. *NRC-Handelsblad*, 28 augustus.

Kuypers, P. & Lans, J. van der (1994). *Naar een modern paternalisme. Over de noodzaak van sociaal beleid*. Amsterdam: De Balie.

Laan, G. van der (1990). *Legitimatieproblemen in het maatschappelijk werk*. Utrecht: SWP.

Laan, G. van der (1991). Een etiquette voor het maatschappelijk werk. *Tijdschrift voor agologie*, 4.

Laan, G. van der (1994). De nieuwe normen van de reclassering. *Tijdschrift voor de Sociale Sector*, 11.

Laan, G. van der (1997). Dwang, drang en de plicht tot legitimatie. *Tijdschrift voor de Sociale Sector*, 6.

Laan, G. van der (2000). Hulpverlening in de marge. *Sociale interventie*, 1.

Landelijk Platform Integrale Schuldhulpverlening (1999). *Werken aan schulden*.

Lans, J. van der, Medema, N. & Räkers, M. (2003). *Bemoeien werkt. Naar een pragmatisch paternalisme in de sociale sector*. Amsterdam: De Balie.

Lans, J. van der (2009). Van verzorgingsstaat naar participatiesamenleving. Vierde SMO-lezing. www.josvanderlans.nl.

Lehmann, B. (1975). Enkele gedachten over afstand en nabijheid in de psychotherapie. *Tijdschrift voor Psychotherapie, 3.*

Marsh, P. & Doel, M. (2005). *The Task-Centred Book.* Londen/New York: Routledge.

Menger, A. (1997). Hulpverlening onder voorwaarden. In: H. Nijenhuis, *De lerende professie.* Utrecht: SWP.

Menger, A. & Krechtig, L. (2008). *Het delict als maatstaf. Methodiek voor werken in gedwongen kader,* 3e dr. Amsterdam: SWP.

Menger, A. & Meijerink, G. (1999). *Schuldhulpverlening. De bijdrage van het maatschappelijk werk.* 's-Gravenhage: Elsevier.

Miller, W.R. & Rollnick, S. (1991). *Motivational Interviewing.* New York: Guilford.

Minjon, B. & Wolters, R.D.F. (1988). *Hulpverlening bij verslavingsproblemen.* Alphen aan den Rijn/Brussel: Samsom.

Montfoort, A. van (2008). *Professionaliteit en nuchterheid in de jeugdzorg.* Lectorale rede, Hogeschool Leiden.

Montfoort, A. van & PI Research (2008). *Handboek Deltamethode Gezinsvoogdij,* versie 2008. PDF-bestand, www.MOgroep.nl.

Montfoort, A.J. van & Tilanus, C.A.G. (2007). *Jeugdzorg en jeugdbeleid.* Amsterdam: SWP.

Mulder, M. (1989). *Omgaan met macht. Ons gedrag met en tegen elkaar.* Amsterdam/Brussel: Elsevier.

Munro, E. (1998). Verbetering van het kennisniveau van maatschappelijk werkers in de kinderbescherminn. *Paspoort,* 1, 45-65.

Munro, E. (2003). *Formal risk assessment instruments or intuitive knowledge?* Marie Kamphuis lezing 2003. Houten: Bohn Stafleu van Loghum.

Nederlandse Hartstichting (1998). *Opsteker voor rokers.* Den Haag.

Nationale Raad voor de Volksgezondheid (1992). *Discussienota over dwang en drang.*

Nijnatten, C. van (red.) (1997). *Bij nader toezien.* Den Haag: Stafbureau Jeugdbescherming en Reclassering, ministerie van Justitie.

Onderzoeksmodel Raad voor de Kinderbescherming (1999). Utrecht: Raad voor de Kinderbescherming.

Opleidingsprofiel en opleidingskwalificaties MWD (2010). *Herkenbaar en toekomstgericht-II.* Amsterdam: SWP.

Overduin, P. & Haans, G. (1994). Een goede kinderbeschermer beschikt over een lange adem. *Tijdschrift voor Jeugdhulpverlening en jeugdwerk.*

Prochaska, J.O. & DiClemente, C.C. (1982). Transtheoretical therapy: Toward a more integrative model of change. *Psychotherapy: Theory, Research and Practice,* 19, 6-288.

Reijen, M. van (1997). *Filosofie en hulpverlening.* Baarn: Nelissen.

Reid, W. (1982). *Het taakgerichte systeem.* Deventer: Van Loghum Slaterus.

Reid, W. (1995). *Taakgerichte strategieën.* Houten/Diegem: Bohn Stafleu van Loghum.

Riet, N. van (2006). *Social Work.* Assen: Van Gorcum.

Rooney, R.H. (1992). *Strategies for work with involuntary clients.* New York: Columbia University Press.

Savornin Lohman, J. de & Steketee, M. (1996). *Op zoek naar kwaliteit in het gezinsvoogdijwerk.* Amsterdam: SCO-Kohnstamm Instituut.

Savornin Lohman, J. de & Raaff, H. (2008) *In de frontlinie tussen hulp en recht.* Bussum: Coutinho.

Scalongne, N. (1999). *Schoolmaatschappelijk werk.* Houten/Diegem: Bohn Stafleu van Loghum.

Schilder, L. & Wouters, P. (1997). Kwaliteit in het maatschappelijk werk. Een dialogische kwestie. In: H. Nijenhuis, *De lerende professie.* Utrecht: SWP.

Schnabel, P. (1999). Alleenstaande kinderen. Bespreking proefschrift 'Gevaarlijke kinderen, kinderen in gevaar' van Mieke Komen. *NRC-Handelsblad*, 13 februari.
Scholte, M. & Splunteren, P. van (2007). *Opgelet! Systematisch signaleren in het maatschappelijk werk*. Bussum: Coutinho.
Schuur, G. (1993). *Methodisch helpen bij agressieproblematiek*. Houten/Zaventem: Bohn Stafleu van Loghum.
Schuur, G. (2000). Omgaan met agressie. *Maatwerk*, 1.
Schuyt, K. & Kommer, M. (red.) (1998). *Niet bij straf alleen*. Amsterdam: University Press.
Seçil Arda, Z. (1999). Eerwraak is niet acceptabel. *NRC-Handelsblad*, 11 december.
Smith, M. & Nursten, J. (2000). Angstervaringen in het maatschappelijk werk. *Paspoort*, 2, 7-28.
Snellen, A. (2007). *Basismodel voor methodisch hulpverlenen in het maatschappelijk werk*, 3e herz. dr. Bussum: Coutinho.
Soetenhorst-de Savornin Lohman, J. de (1990). *Doe wel en zie om*. Lisse: Swets & Zeitlinger.
Spanjer, M. (1985). Onvrijwillige opname is vaak onmacht. Interview met J.A. Jenner, *NRC-Handelsblad*, 11 januari.
Struijs, A. (1998). Cultuurverschillen en moraal. In: S. Timmer (red.), *Tijd voor ethiek*. Bussum: Coutinho.
Suurmond, J. & Hoogsteder, M. (1998). Er zal ook best eens iets gezegd worden. *Tijdschrift voor de Sociale Sector*, november.
Swaan, A. de (1997). Kinderdieven. *NRC-Handelsblad*, 1 februari.
Thomas, N.D. (1999). Hamsteren. Excentriek of pathologisch: wanneer ingrijpen? *Paspoort*, 1, 65-75.
Tilborghs, H. (1998). De rechtspositie van de cliënt in de verzorgingsstaat. In: S. Timmer (red.), *Tijd voor ethiek*. Bussum: Coutinho.
Timmer, S. (red.) (1998). *Tijd voor ethiek*. Bussum: Coutinho.
Tonkens, E. (2003). *Mondige burgers, getemde professionals*. Utrecht: NIZW.
Trotter, C. (1993). *The effective supervision of offenders*. Melbourne: La Trobe University.
Trotter, C. (1999). *Working with involuntary clients*. Londen: Sage Publications.
Uden, T. van & Bakker, M. (2004). *Stap voor stap. Outreachende hulpverlening in het maatschappelijk werk*. Valkenswaard: Stichting Maatschappelijk werk Dommelregio.
Vandenbroucke, M. (1989). Vrijheid, dwang en hulpverlening: enkele bemerkingen bij dwang in de hulpverlening aan delinquenten. *Panopticum*., 3
Veiligheidshuis Breda (2009). Verantwoording 2008 en jaarplan 2009.
Videka-Sherman, L. (1988). Meta-analysis on social work practice in mental health. *Social Work*, *33*, 4, 323-338.
Videopresentatie *Een geregeld bestaan* (1997). Groningen: Van Hemert Video.
Vogelvang, B. (2005). *De jongere aanspreken. Handboek methode jeugdreclassering*. Utrecht: MO-groep. PDF-bestand. www.jeugdreclassering.nl/handboek.
Vogelvang, B. (2009). *Een sterk verhaal. Over de invloed van reclasseringswerkers op het stoppen met criminaliteit na detentie*. Lectorale rede, Avans Hogeschool 's-Hertogenbosch.
Vrij, A. (1998). *De psychologie van de leugenaar*. Lisse: Swets & Zeitlinger.
Waaldijk, B. (1996). *Het Amerika der vrouw*. Groningen: Wolters-Noordhoff.
Watzlawick P., e.a. (1974). *Het kan anders. Over het onderkennen en oplossen van menselijke problemen*. Deventer: Van Loghum Slaterus.
Wegelin, M. (1996). Rapportage: legitimering bij uitstek. In: *Handboek Maatschappelijk Werk Methodiek*. Houten/Diegem: Bohn Stafleu van Loghum.

Weintraub, S. (1991). Children and adolescents at risk for sustenance to life-stress. Perceptions of child behavior problems, parenting abuse and psychopathology. *International journal of the addictions*, 25, 483-494.
Weterings, T. & Pruijs, L. (1994). Hulp is voor ouders makkelijker te accepteren door actieve deelname. *Tijdschrift voor Jeugdhulpverlening en Jeugdwerk*, 4.
Widdershoven, G.A.M. (1998). Autonomie in de hulpverlening. *Tijdschrift voor de Sociale Sector*, 1.
Widdershoven, G.A.M. & Abma, T.A. (2008). Hulp en dwang vanuit zorgethisch perspectief. *Justitiële verkenningen*, 34.
Yperen, T. van (2003). *Resultaten in de jeugdzorg. Begrippen, maatstaven en methoden.* Utrecht: nizw.
Yperen, T. van & Veerman, J.W. (2008). *Zicht op effectiviteit.* Leiden: Eburon.
Zwijgzaam stel uit Geldrop krijgt hulp broers (1998). Artikel in *dagblad De Stem*, 19 november.

Relevante websites

www.amk-nederland.nl
www.bureaujeugdzorg.info
www.fonds-slachtofferhulp.nl
www.jeugdreclassering.nl/handboek
www.juridischloket.nl
www.kinderbescherming.nl
www.kinderontvoering.org
www.kindertelefoon
www.maatschappelijkwerk.nl
www.mks.nl
www.MOgroep.nl
www.NJi.nl
www.nvmw.nl
www.phorza.nl
www.postbus51.nl
www.shginfo.nl
www.steunpunthuiselijkgeweld.nl

Register

Made in United States
North Haven, CT
05 November 2026

21772735R10089